一天一则 名言警句

生活卷

主　编：夫　子
编　委：范　丽　何朝辉　雷　蕾　刘　佳
毛　恋　孙　娟　唐玉芝　邱鼎淞
王　惠　吴　翩　向丽琴　晏成立
阳　倩　叶琴琴　曾婷婷　张朝伟
钟　鑫　周方艳　周晓娟

山东教育出版社
·济南·

图书在版编目（CIP）数据

一天一则名言警句 . 生活卷 / 夫子主编 . — 济南 : 山东教育出版社 , 2023.2

ISBN 978-7-5701-2448-0

Ⅰ . ①一… Ⅱ . ①夫… Ⅲ . ①格言–汇编–中国–古代②警句–汇编–中国–古代 Ⅳ . ① H136.3

中国版本图书馆 CIP 数据核字 (2022) 第 245554 号

YI TIAN YI ZE MINGYAN JINGJU　SHENGHUO JUAN

一天一则名言警句　生活卷　　夫子　主编

主管单位：山东出版传媒股份有限公司

出版发行：山东教育出版社

地址：济南市市中区二环南路 2066 号 4 区 1 号

邮编：250003　电话：（0531）82092660

网址：www.sjs.com.cn

印　　刷：济南鲁艺彩印有限公司

版　　次：2023 年 2 月第 1 版

印　　次：2023 年 2 月第 1 次印刷

开　　本：720 mm × 1020 mm　1/16

印　　张：10

印　　数：1—10000

字　　数：180 千

定　　价：36.00 元

（如印装质量有问题，请与印刷厂联系调换）

印刷厂电话：0531-88665353

目录

生活卷

zhòng guā dé guā zhòng dòu dé dòu
种瓜得瓜，种豆得豆。

/追本溯源/

种瓜得瓜，种豆得豆。

——《金刚经》

/品思解读/

种下的是瓜，收获的也是瓜；种下的是豆子，收获的也只会是豆子。做了什么事就会得到什么样的结果，这是从古至今流传下来的生活哲理。通过这句话，我们能够知道：人生的结果取决于自己。要想获得成功，那我们首先就得付出努力。

/写作运用/

写作主题： 修身　付出　收获　人生价值

写作示范： 一个人成就的大小往往取决于他为此付出了多少。司马光读书非常刻苦，为了有更多的背书时间，他把自己的枕头换成圆木，翻身被惊醒后就起床继续读书，最终他成了北宋著名的文学家，并主持修撰了我国第一部编年体通史《资治通鉴》；方仲永天资聪颖，却因为缺乏后天的学习，最终泯然众人。种瓜得瓜，种豆得豆，我们要想取得一定的成就，就必须树立正确的目标并为之不懈努力。

/落笔生花/

种瓜得瓜，种豆得豆。

/日有所得/

“种瓜得瓜”的瓜是什么瓜？

很多人认为“种瓜得瓜”里的瓜指的是西瓜，其实甜瓜的历史要远远早于西瓜。马王堆汉墓出土的辛追夫人尸体，她的肚子里就还有未消化完的甜瓜子。辛追夫人是汉代人，所以在汉代就已经有甜瓜了。而据史料记载，西瓜是唐代才进入的中国新疆地区。所以比起西瓜，“种瓜得瓜”中的“瓜”是甜瓜的可能性更大。

《秋瓜图》 ［宋］佚名

前人栽树，后人乘凉。

qián rén zāi shù, hòu rén chéng liáng

/追本溯源/

那晓得三纲五常，只知道七青八黄，圆鸭蛋里棹桨，竹竿空长，肚里无穰，前人栽树，后人乘凉。

——《桂枝香》

/品思解读/

前辈栽下了树，过了几代，他的后人就可以在树荫下乘凉。树木长成是一个漫长的过程，就像中国的发展，源远流长而又稳健从容。如今的宜居生活是因为前人们的努力，所以我们不能一味地享受、索取，我们也要接过“栽树”这一接力棒，为我们的后代创造更好的环境。

/写作运用/

写作主题：感恩　奉献　付出　环境

写作示范：“爱护环境，人人有责”不只是一句口号。面对越来越严峻的生态问题，从20世纪就开始的西北地区沙地绿化整治工作，到如今互联网上的种树公益活动，越来越多的人加入到沙漠绿化工程中来。前人栽树，后人乘凉，相信在未来的某一天，我们的后人能够见证沙漠变成森林。

/落笔生花/

前人栽树，后人乘凉。

/日有所得/

那些“前人栽树，后人乘凉”的工程

中国能有现在这样的发展，除了当代人的努力外，也少不了前人创造的条件。以中国古代三大工程为例，西周开始建造的长城经过一代代的修筑，起到了很好的军事防御作用，成为中华民族大一统的象征。坎儿井作为荒漠地区特殊的灌溉系统，大大改善了古代新疆地区人们的用水问题，促进了西北地区的开发。而京杭大运河在古代有力地加强了南北方的交通，并承担着南粮北运的职责，源源不断地为北方人民提供着食粮。哪怕到了现在，它也依旧是重要的输水通道。

《蕉阴纳凉图》（局部）［清］邓元举

树无根不长，人无志不立。

shù wú gēn bù zhǎng　rén wú zhì bú lì

/追本溯源/

树无根不长，人无志不立。

——民间俗语

/品思解读/

树木失去根基就不会再生长，人没有志向就不会有大的作为。这是自古流传下来的谚语，把人的志向比作树木的根，告诉我们，人一定要有远大的志向，有了志向才能取得巨大的成就，立足于世。作为学生的我们，应该确立自己未来的方向，为了目标坚持不懈地学习。

/写作运用/

写作主题： 志向　理想　人生目标

写作示范： 志向是大海上的指南针，指引我们正确的方向；志向是黑暗中的一盏灯，照亮我们未来的路；志向是沙漠里的一片绿洲，为绝望的人们带去希望。树无根不长，人无志不立，一个没有理想的人，是绝不可能有所作为的！

/落笔生花/

树无根不长，人无志不立。

/日有所得/

《增广贤文》

如果要推荐一本俗语大全的话，那就是《增广贤文》了。《增广贤文》又被称为《昔时贤文》《古今贤文》，是中国古代儿童启蒙书目之一。该书汇集了中国古代的格言、谚语，主要有人际关系、命运、处世和读书四个方面。由于内容庞杂，所以不同思想的人都可以从中看到自己认可的言论，具有广泛的代表性。世人称“读了增广会说话，读了幼学走天下”。

《独树图》　［明］王绂

yǒu zhì zhě shì jìng chéng

有志者事竟成。

/追本溯源/

将军前在南阳建此大策，常以为落落难合，有志者事竟成也！

——《后汉书》

/品思解读/

人有志气，有毅力，想做的事才能做成。这是刘秀表扬耿弇（yǎn）时说的话。后来这句话经常被用来形容一个人做任何事情，只有带着百折不挠、坚定的意志去做，才能成功。

/写作运用/

写作主题：立志　奋斗　人生价值

写作示范：世上从没有毫不费力的成功，贝多芬不幸患上耳疾，可他与命运顽强斗争，创作出了《命运交响曲》《致爱丽丝》等闻名世界的乐曲；爱迪生更是经历了上千次的失败，才发明出了碳丝灯泡。有志者事竟成，成功属于那些能够为了目标不懈努力的人！

/落笔生花/

有志者事竟成。

/日有所得/

云台二十八将之一——耿弇

云台二十八将，是指汉光武帝刘秀重兴汉室江山过程中功劳最大、能力最强的二十八员大将，耿弇位列第四。耿弇，字伯昭，是东汉的开国元勋、军事家。耿弇从小跟随父亲耿况在军营生活，能够巧妙运用心理战、攻坚战、围城打援、声东击西、避强击弱等一系列战术进行作战，是一位常胜将军。

部曲将印　[东汉]

部曲将，古代武官名。

zhì dāng cún gāo yuǎn

志当存高远。

/追本溯源/

夫志当存高远，慕先贤，绝情欲，弃凝滞，使庶几之志，揭然有所存，恻然有所感。

——《诫外甥书》

/品思解读/

这里的“存”是怀抱的意思。人应当怀抱高远的志向。这是诸葛亮在写给自己外甥庞涣的《诫外甥书》中的一句，说明了“立志做人”的重要性，对当代青年的发展也有深远的指导意义。理想的大小决定未来的高度，作为祖国未来的人才，从小就要树立远大的理想。

/写作运用/

写作主题：立志　规划　人生价值　生命意义

写作示范：雏鹰想要征服天空，所以它长大后能够翱翔天际。一个人志向的大小决定着他能否走得长远，志当存高远，愿我们每个人都能像雏鹰一样，在属于自己的天空自由翱翔！

/落笔生花/

志当存高远。

/日有所得/

文言文中“志”的意思

在文言文中，“志”除了表示志向外，还可以表示立志，《论语》中就有“吾十有五而志于学”。而成语“博闻强志”中的“志”，则表示记住，所以也可以写作“博闻强识（zhì）”。“志”也可以表示做标志、记号，如《桃花源记》中的“得其船，便扶向路，处处志之”，意思就是找到了他的船，就顺着旧路回去，处处做了记号。

《卢鸿草堂十志图》（局部）　［宋］佚名

有志者事竟成

东汉时，有一个人名叫耿弇。耿弇从小就认真学习兵书，练习武艺，立志为国家效力。他屡建战功，很快就成了大将军。

一天，耿弇向光武帝刘秀请求由他带兵平定割据势力。刘秀虽然很高兴，但考虑到这事比较难，就有点犹豫。耿弇继续劝说：“只要我们立定志向，坚持不懈，就一定可以成功的！”刘秀听罢终于答应了。

耿弇率兵北上，运用声东击西的战术，连战连胜，很快就平定了大部分的割据势力。接着，耿弇又率领大军与军阀张步交战，战斗中，一支箭射中了耿弇的大腿。耿弇立马拔出佩剑，砍断箭身，继续作战，最终把张步打得大败而逃。

刘秀称赞耿弇说：“将军以前提出的计划，我还担心难以实现，但将军竟然真的做到了。这可真是‘有志者事竟成’啊！”

燕雀安知鸿鹄（hú）之志

秦时有一个叫陈胜的人，年轻时曾经跟别人一起被人雇佣给富人家种地。有一天，他放下农活到田埂上休息，面对秦王朝变本加厉地征调劳役，他决心摆脱压迫和剥削，改变目前的困境。陈胜对他的同伴们说：“假如将来我们中间有谁发迹富贵了，可不能相互忘记啊。”同伴们讥笑他：“受雇给人家种地，怎么能发迹富贵呢？”陈胜长长地叹了一口气道：“燕雀哪里会懂得鸿鹄的凌云壮志呢！”后来陈胜与吴广发动农民起义，各地义军也纷纷响应，最终推翻了秦王朝。

学以致用

一、汉代人说的“瓜”最有可能指的是下列哪种呢？请在正确的图片下面打“√”。

①（　　）　　②（　　）　　③（　　）

二、给加点字选择正确意思，将选项填写在对应的方框内。

A. 记住　　B. 立志　　C. 做标志、记号

1. 得其船，便扶向路，处处志之。 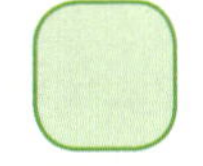

2. 吾十有五而志于学。 

3. 博闻强志。 

三、查查资料，了解一下燕雀和鸿鹄分别指的是什么呢？请把查到的结果写在下面方框内。

一天一则名言警句·生活卷

qióng qiě yì jiān bú zhuì qīng yún zhī zhì
穷且益坚，不坠青云之志。

/追本溯源/

老当益壮，宁移白首之心？穷且益坚，不坠青云之志。

——《滕王阁序》

/品思解读/

境遇虽然困苦，但节操应当更加坚定，决不能抛弃自己的凌云壮志。王勃在写《滕王阁序》的时候，境遇不佳，但他并不气馁，而是心胸开阔，满怀壮志。古往今来多少有志之士，面对艰难险阻，仍能执着地追求自己的理想，即使在不得志的逆境当中也不消沉放弃。

/写作运用/

写作主题：志向　挫折　顺境　逆境

写作示范：困难不是放弃理想的借口，年龄、时间都不是追求理想的障碍。我们在任何时候都要坚持自己的理想，在任何时候都要为理想而奋斗！一千多年前，王勃曾用文章高呼：“穷且益坚，不坠青云之志。”如今，我们也应为追求理想而奋斗终生！

/落笔生花/

穷且益坚，不坠青云之志。

/日有所得/

“青云”是什么云

“青”可以表示多种颜色，它既可以指蓝色（青天），也可以指绿色（青草），还可以指黑色（青丝）。“青云”本意是高空上的云，古人借它来比喻很高的地位，比如“平步青云”“青云直上”等。王勃在《滕王阁序》中，用“青云之志”来形容远大的志向，也是借用“青云”所含的高远的意思。

《坐看云起图》　［元］盛懋（mào）

yǔ rén shàn yán, nuǎn yú bù bó;

与人善言，暖于布帛；

shāng rén yǐ yán, shēn yú máo jǐ

伤人以言，深于矛戟。

/追本溯源/

憍泄者，人之殃也。恭俭者，偋五兵也。虽有戈矛之刺，不如恭俭之利也。故与人善言，暖于布帛；伤人之言，深于矛戟。

——《荀子》

/品思解读/

布帛在古代是纺织品的总称，而矛戟在古代泛指兵器。予人美好的言辞，比布帛还要温暖；出言伤人，比用长矛利戟刺人还要严重。言语可以给人带来愉悦和温暖，也能给人带来痛苦和仇恨。在与人交往的过程中，希望我们都能用善言与他人交流。

/写作运用/

写作主题：言语　交际　生活

写作示范：语言是人类最重要的交际工具之一，也是人们沟通的主要表达方式。在说话前，我们要慎重思考，想想即将说的话是否适合当下的场合。要知道与人善言，暖于布帛；伤人以言，深于矛戟，稍不留意，我们就可能会给别人造成心灵上的伤害。

/落笔生花/

与	人	善	言	，	暖	于	布	帛	；
伤	人	以	言	，	深	于	矛	戟	。

/日有所得/

古代冷兵器——戟

戟是古代的一种兵器，是戈和矛的合体，具有勾斫和刺击的格斗功能。戟的历史十分悠久，可上溯至春秋时期，《左传》中也有相关记载。

侯戟　［西周］

bīng lái jiàng dǎng shuǐ lái tǔ yǎn

兵来将挡，水来土掩。

/追本溯源/

自古道，兵来将挡，水来土掩。大唐薛仁贵虽然英雄，只怕难敌我邦杨藩。

——《异说后唐传三集》

/品思解读/

敌人来犯，就引兵抵抗；大水来了，就用土堵住。后来指根据具体情况，采取灵活的应对办法。在生活中，我们总会遇到许多意想不到的问题，要想轻松应对，就要根据问题，灵活采取相应的解决办法。因此，我们要不断提升自身的能力，以便自己能够做到随机应变。

/写作运用/

写作主题： 智慧　乐观　方法　困难

写作示范： 面对困难，一味地害怕、焦虑只会加重我们的心理负担。好比在考试前，如果我们总是去猜测试卷的难度，那么我们就容易陷入对自我的不断否定与担忧中。兵来将挡，水来土掩，只有我们脚踏实地，认真复习，把所有的知识巩固扎实，最后才会交出一张完美的答卷！

/落笔生花/

兵来将挡，水来土掩。

/日有所得/

府兵制

府兵制，是中国古代兵制之一，由西魏权臣宇文泰创建。其最重要的特点就是兵农合一。在平时，府兵就是耕种土地的农民，只有在农事闲暇的时候才会训练，到战争时期就从军打仗。府兵参战的武器和马匹都是士兵自行准备的。

《调马图》 ［五代十国］赵嵒（yán）

jìn zhū zhě chì, jìn mò zhě hēi
近朱者赤，近墨者黑。

/追本溯源/

故近朱者赤，近墨者黑，声和则响清，形正则影直。

——《太子少傅箴》

/品思解读/

靠近朱砂就会变红，靠近墨就会变黑。这句话说明了一个人生活在好的环境里，会受到积极的影响；生活在坏的环境里，也会受到消极的影响，强调环境对人的影响是非常大的。后来也被用来比喻接近好人可以使人变好，接近坏人则会使人变坏。

/写作运用/

写作主题： 环境　交往　成长

写作示范： 近朱者赤，近墨者黑，孟子的母亲为了给他营造一个良好的学习环境，不惜三次搬家，最终搬到学宫附近，让孟子变得喜欢读书。诸如此类的例子比比皆是，由此可见，环境对一个人的发展起着至关重要的作用！

/落笔生花/

近朱者赤，近墨者黑。

/日有所得/

太子少傅是做什么的?

为了保证太子能继承大统，古代特地设置了一些官职来辅助、教导太子，太子太傅就是其中之一。据载，西晋的时候，设置了太子太师、太子太傅、太子太保和太子少师、太子少傅、太子少保，这六个职位被称为“三师”“三少”，也被称为“六傅”。后来基本沿用这个形式，直到明清时期，这些官职成了虚衔。

端石九芝砚　［明］

bìng cóng kǒu rù　huò cóng kǒu chū
病从口入，祸从口出。

/追本溯源/

福生有兆，祸来有端。情莫多妄，口莫多言。蚁孔溃河，溜穴倾山。病从口入，祸从口出。

——《太平御览》

/品思解读/

疾病是由饮食不慎引起的，灾祸是由语言不妥招来的。这句话告诫人们，在平时的生活中要多注意饮食卫生，不要吃不干净的食物；还要谨言慎行，不要说不该说的话，避免因出言不慎而招来祸患。

/写作运用/

写作主题：言语　交往　生活　健康　饮食

写作示范：在这个网络发达的时代，公众人物的一言一行都被大家看在眼里。有人因为直言直语而获赞誉，也有人因此被口诛笔伐。病从口入，祸从口出，说出去的话就像泼出去的水，我们一定要约束好自己的言行，防患于未然，避免因言语而招来祸端。

/落笔生花/

病从口入，祸从口出。

/日有所得/

《太平御览》

《太平御览》是宋代著名的类书（指大型的资料性书籍），由李昉、李穆、徐铉等学者奉宋太宗的命令编纂。全书共一千卷，以天、地、人、事、物为序，分成五十五部，引用一千多种古书，保存了大量的古代文献。虽然其中十之七八已经亡佚，但仍是我国传统文化的宝贵遗产。

《松溪渔炊图》

［明］吴伟

贺若敦锥舌诫子

贺若敦是西魏北周时期的将领，一直以勇武刚猛著称，而就是这样一个名将，却因为多言得罪了北周权臣宇文护，被逼自杀。

贺若敦死前，对儿子贺若弼嘱咐道："我此生唯一的遗憾就是不能平定江南，你定要继承我的遗志。切记不要与我犯同样的错误。"说完，贺若敦还用锥子把儿子的舌头刺出血，以告诫其谨言慎行。

贺若敦虽死，但没有牵连全家，其子贺若弼很快也受到重用。当时的太子宇文赟（yūn）骄奢淫逸，上柱国乌丸轨与贺若弼都觉得太子德不配位，乌丸轨于是向北周武帝进言，并说贺若弼与自己看法一致。武帝随即召见贺若弼，贺若弼则表示不知此事。随后，乌丸轨指责贺若弼言行不一，贺若弼则说："君不密则失臣，臣不密则失身。"意思是君王说话不慎密，则失信于臣；臣说话不慎密，则祸及自身。此时的贺若弼依旧牢记父亲的教训，保持着谨言慎行的习惯。

隋朝建立后，贺若弼跟随太子杨广南征。一次，杨广问贺若弼："杨素、韩擒虎、史万岁三人都是良将，谁更优秀？"贺若弼说："杨素是猛将，不是谋将；韩擒虎是斗将，不是领将；史万岁是骑将，不是大将。"杨广又问谁是大将，贺若弼说自己就是太子选择的人。言下之意，只有他能称大将。

隋炀帝杨广即位后，贺若弼因军功显赫，渐渐目中无人。一次，隋炀帝建了一座可以容纳千人的帐篷，用来接待突厥启民可汗及其部众。贺若弼十分厌恶这顶大帐篷，直言隋炀帝奢侈不堪，隋炀帝得知后愤怒不已，最后以诽谤朝政的罪名诛杀了他。

学以致用

一、“青”可以表示以下哪些颜色？标记一下。

二、以下哪个成语，与“近朱者赤，近墨者黑”意思相似？（　　）

A. 蓬生麻中　　B. 循序渐进

C. 无动于衷　　D. 按部就班

三、对于“病从口入，祸从口出”这句名言，你有什么体会？你身边是否发生过这样的例子？简单叙述一下。

yì yán jì chū，sì mǎ nán zhuī

一言既出，驷马难追。

/追本溯源/

子贡曰："惜乎，夫子之说君子也！驷不及舌。"

——《论语》

/品思解读/

一句话说出了口，就是用四匹马拉的车也追不回。说明话说出口之后，无法再收回。告诫我们做人要讲诚信，说话算数，不能出尔反尔。生活中履行和小伙伴之间的约定是诚信，学习中按时完成老师布置的作业是诚信。诚信易失，贵在从始至终践行。

/写作运用/

写作主题：诚信　处世　信用观念

写作示范：诚信乃人立足于社会之根本。缺乏诚信，就如同千年古树被掘去了根基而轰然倒塌。古人说："一言既出，驷马难追。"这句从古流传至今的名言，体现的是一种诚实守信的优良品质。拥有了诚信，就拥有了人生的财富。

/落笔生花/

一言既出，驷马难追。

/日有所得/

“马”与“驷马”

“马”是人类最早驯化并应用于战争的动物之一，曾在人类战争史上扮演过重要的角色。马最早用于运输，作为随军移动的“粮仓”。后来才用作坐骑、拉战车等一些战术性的功能。而“驷马”则指古代同拉一辆车的四匹马，在古代一般只有显贵者才能乘驷马高车。

《蜀山行旅图轴》（局部）　［宋］许道宁

bǐ shàng bù zú，bǐ xià yǒu yú
比上不足，比下有余。

/追本溯源/

上比崔杜不足，下方罗赵有余。

——《三辅决录》

/品思解读/

尽管与那些做得比较好的人相比还存在一定的差距，但是与那些做得比较差的人相比却已经超出了他们不少，指达到了一个中间状态。这句话旨在劝诫我们，在审视自己时，要正确地评价自己，看到自己的价值。

/写作运用/

写作主题：优势　劣势　知足常乐

写作示范：每个人都有自身的优势，也不可避免地存在着缺点和不足。如果一味陷入攀比、嫉妒中去，只关注自己的劣势，那只能是庸人自扰。时刻以“比上不足，比下有余”来提醒自己，多发现自己的优点，扬长避短。

/落笔生花/

比上不足，比下有余。

/日有所得/

“余”的多张脸谱

我们在平时书写和说话当中用到的“余”字，大多是指剩下来、多余的意思。实际上，“余”也可以代表一些大数目或度量单位等的零数，比如三十有余、四十余岁、此处有十余人等。另外，四月的别称也叫余月。《尔雅·释天》说：“四月为余。”除此之外，一些古诗中的“余”字还表示“我”的意思。如《春日偶成》中就有“时人不识余心乐，将谓偷闲学少年”。

《桃花柳燕图》

［清］李鱓（shàn）

yì zhōu yí fàn dāng sī lái chù bú yì
一粥一饭，当思来处不易；
bàn sī bàn lǚ héng niàn wù lì wéi jiān
半丝半缕，恒念物力维艰。

/追本溯源/

黎明即起，洒扫庭除，要内外整洁；既昏便息，关锁门户，必亲自检点。一粥一饭，当思来处不易；半丝半缕，恒念物力维艰。

——《朱子家训》

/品思解读/

民自古以食为天，又以勤俭为美德。不浪费一粥一饭，因来之不易；不糟蹋半根丝线，因物力艰难更要加倍珍惜。在日常生活中，不铺张浪费；待人接物上，不贬低他人的辛勤付出，不轻看微小事物。

/写作运用/

写作主题：勤俭　节约　美德

写作示范：千百年来，在这广阔的田地间，在那炎炎烈日下，有无数的劳动者弯着腰，面朝黄土背朝天地辛勤劳作着。他们准时到地里捉虫、打药、灌溉禾苗，日复一日，最终等来了秋天的大丰收。一粥一饭，当思来处不易；半丝半缕，恒念物力维艰。我们要学会珍惜劳动成果，不辜负劳动者的付出。

/落笔生花/

一粥一饭，当思来处不易；半丝半缕，恒念物力维艰。

/日有所得/

古人都喝哪些粥？

古代人经常喝粥，并按照不同的粮食作物分为小米粥、荞麦粥、高粱粥、大米粥等。生活地区不同，喝的粥也不同。在北方，小米的生长范围非常广阔，所以小米粥应该是北方最常见的粥了。而南方主食以水稻为主，因此粥大多是大米熬成的。除此之外，只要是当地有的谷物，大都可以用来煮粥，《本草纲目》中也记载过赤豆粥、栗子粥等。

《瑞谷图》（局部）　［清］朗世宁

shéi yán cùn cǎo xīn　bào dé sān chūn huī
谁言寸草心，报得三春晖。

/追本溯源/

慈母手中线，游子身上衣。
临行密密缝，意恐迟迟归。
谁言寸草心，报得三春晖。

——《游子吟》

/品思解读/

谁能说子女像小草一样的孝心，能够报答得了像春晖般的慈母恩情呢？有人说慈母的恩情就如三春中灿烂的阳光。这里说的“三春”是旧称，农历的一、二、三月，合称三春。“晖”则有阳光之意，它道出了母爱如春天般温暖，把母爱比作和煦的阳光照耀着子女。

/写作运用/

写作主题： 母爱　恩情　奉献　付出与回报

写作示范： 如果母亲是天空，我就是飞翔在空中的小鸟；如果母亲是大海，我就是大海中的一朵浪花；如果母亲是宇宙，我就是宇宙中的一颗星。谁言寸草心，报得三春晖。母爱就如三春中灿烂的阳光，温暖着我们的心。

落笔生花

谁言寸草心，报得三春晖。

日有所得

“孟仲叔季”与“四季”

“孟仲叔季”是指兄弟姐妹的长幼顺序，“孟”为最长，“季”为最幼。如古代一家中若有兄弟数人，在给他们起名字的时候，便会有意用上“孟（伯）、仲、叔、季”，以示兄弟的长幼顺序。“孟仲叔季”还可用在四季排行。“春、夏、秋、冬”都分有“孟、仲、季”三个月，如“孟春”“仲春”“季春”和“孟夏”“仲夏”“季夏”等。

《补衲图》 ［宋］刘松年

图中两位僧人坐在禅榻上，老者正专心补衣，另一人则抱膝旁观。

jìn shuǐ zhī yú xìng jìn shān shí niǎo yīn
近水知鱼性，近山识鸟音。

/追本溯源/

近水知鱼性，近山识鸟音。易涨易退山溪水，易反易复小人心。

——《增广贤文》

/品思解读/

临近水边，时间长了，就会懂得水中鱼的习性；靠近山林，时间长了，就听得出林中鸟儿的声音。无论什么事物，相处的时间长了，就会了解它。

/写作运用/

写作主题： 实践　真知　环境　行动

写作示范： 实践验证真理，环境造就感知，近水知鱼性，近山识鸟音。实践，除了能对书本知识进行总结，还能让我们看到书本之外的世界，了解事物真实的一面。读万卷书，更要行万里路。

/落笔生花/

近水知鱼性，近山识鸟音。

/日有所得/

古诗词中“鸟”的寓意

我们在古诗词中，经常能读到不少与鸟儿有关的诗句，不同的鸟儿被赋予了不同的寓意。有的鸟儿寓意喜悦，如黄鹂，鸣声清亮婉转，常常出现在歌颂春天的诗中，一般寓意着轻快、喜悦的感情，譬如杜甫《绝句》中的“两个黄鹂鸣翠柳，一行白鹭上青天”。有的鸟儿寓意悲伤，如杜鹃，它的叫声极其哀切，寓意着哀怨悲凄的气氛或思归的心情。李白在《宣城见杜鹃花》中就写道“蜀国曾闻子规鸟，宣城还见杜鹃花”，其中的子规鸟指的就是杜鹃。

《松枝黄鹂》　［宋］赵佶

季文子节俭立身

季文子是春秋时期鲁国的大臣。季文子一生俭朴，以节俭为立身的根本，并且要求家人也过俭朴的生活。他穿衣只求朴素整洁，除了朝服以外没有几件像样的衣服，每次外出，所乘坐的车马也极其简单。见季文子如此节俭，有个叫仲孙它的人就劝季文子说："您身为上卿，德高望重，却不注重容貌服饰，还不准妻妾穿丝绸衣服，也不用粮食喂马。这样不是显得太寒酸，让别国的人笑话您吗？况且这样做也有损我们国家的颜面，您为什么不改变一下这种生活方式呢？这于己于国都有好处，何乐而不为？"

季文子听后淡然一笑，对仲孙它说："我也想把家布置得豪华典雅，但是看到我们国家的百姓，还有许多人吃着难以下咽的食物，穿着破旧不堪的衣服，还有人正在受冻挨饿。想到这些，我怎能忍心去为自己添置家产呢？如果平民百姓都粗茶敝衣，而我则妆扮妻妾，精养粮马，这哪里还有为官的良心！况且，我听说一个国家的强大，只能通过臣民的高洁品行表现出来，并不是以他们拥有美艳的妻妾和良骥骏马来评定的。既如此，我又怎能接受你的建议呢？"季文子这一番话，说得仲孙满脸羞愧之色，同时也让他内心对季文子更加敬重。此后，仲孙它也效仿季文子，养成了俭朴的美德。

节俭立身为己，更为民。季文子以身作则、节俭立身的行为正是"一粥一饭，当思来处不易；半丝半缕，恒念物力维艰"的最好诠释。

一、把下列关于“勤俭节约”的名句补充完整吧！

1. 谁知________餐，________皆________。

2. 静以________，俭以________。

3. ________俭者安，________在眼前。

4. 细________和流，吃穿不________。

二、看看鱼，识识鸟，完成下列两道小题。

1. 上图是现存宋画中游鱼类题材的一幅佳作。用心去感受这幅画，说一说作者创作此画时的心境。

____

2. 识识古诗词中“鸟”的寓意，完成下面的练习。

鹧鸪是鸟类的一种，其叫声________，极容易勾起旅途________的联想和满腔的________别绪，所以，鹧鸪也就成了一种________的象征。

【例句】江晚正________，________闻鹧鸪。

——辛弃疾《____________·书江西造口壁》

yǒu yì zāi huā huā bù fā
有意栽花花不发，
wú xīn chā liǔ liǔ chéng yīn
无心插柳柳成荫。

/追本溯源/

有意栽花花不发，无心插柳柳成荫。画虎画皮难画骨，知人知面不知心。

——《增广贤文》

/品思解读/

用心栽花，认真施肥，精心灌溉，但花却总是不开，最后竟枯萎了；而将折下来的一枝柳条随意插在地里，疏于照料，几年过去，却长成了葱郁的柳树。有时花费很多的精力去做一件事，却难以得到我们想要的结果；而不经意间的举动，却意外取得了收获。

/写作运用/

写作主题：心境　得失　顺其自然

写作示范：生活并不总是一帆风顺的，常常会有不尽如人意的地方。我们不必为失去黯然神伤，因为人生有失就有得。最重要的是得到时心存感激，失去时也存有希望。有道是“有意栽花花不发，无心插柳柳成荫”，学会转换心境，美好自然会到来。

/落笔生花/

有意栽花花不发，无心插柳柳成荫。

/日有所得/

是柳树也是别离

春风吹起了细长的柳丝，鹅黄嫩绿，摇摆不停，春天的故事无疑离不开柳树。柳叶因有治病、祛毒的功用，也被古人视为吉祥的象征。除此之外，柳树还象征着离别之情。“柳”与“留”谐音，古人把柳当作情感的寄托物，产生了“折柳赠别”和“折柳寄远”的风俗。后来，“柳”便成为别离的代名词。在《诗经》的《采薇》篇中，在外征战的士兵想起离家从军时的情景，一句“昔我往矣，杨柳依依”就道尽了不舍之情。

《柳岸江洲图》

［清］王翚（huī）

liáng yào kǔ kǒu lì yú bìng
良药苦口利于病，
zhōng yán nì ěr lì yú xíng
忠言逆耳利于行。

/追本溯源/

且“忠言逆耳利于行，毒药苦口利于病”，愿沛公听樊哙言。

——《史记》

/品思解读/

良药喝起来总是很苦，却有利于治病；而教人从善的语言虽然难听，却能让人们改正自身的缺点。一个人犯了错并不可怕，可怕的是讳疾忌医，不愿意接受别人的批评，以致小错酿成大祸。

/写作运用/

写作主题：心态　接受批评　改正缺点

写作示范：人的一生，会受到不少批评。批评如一面镜子，它能反射出你的缺点；批评如一碗苦药，它能带走你身上的“病菌”；批评像一针强心剂，它能激励你不断地奋发向上。良药苦口利于病，忠言逆耳利于行，我们要学会用积极的心态来面对批评，虚心接受他人正确的意见。

/落笔生花/

良	药	苦	口	利	于	病	，	忠	言
逆	耳	利	于	行	。				

/日有所得/

古人如何称呼“医生”

由于时代和地区的不同，古人对医生的称呼也不尽相同。第一种叫法是岐黄。后人根据《黄帝内经》的由来和记载，把中医医术称为“岐黄之术”，岐黄也成了中医的别称。第二种叫法是悬壶。相传东汉时期，一个叫费长房的人在集市上看到一位老翁挂着一个大葫芦卖药，卖完了就跳进葫芦里。费长房觉得他是奇人，就向他学习医术，救治百姓。第三种叫法是大（dài）夫或郎中。据史书记载，这两个词都始于宋朝，最开始是官名。

《灸艾图》 ［宋］李唐

shù yù jìng ér fēng bù zhǐ
树欲静而风不止，
zǐ yù yǎng ér qīn bú dài
子欲养而亲不待。

/追本溯源/

夫树欲静而风不停，子欲养而亲不待，往而不来者年也，不可再见者亲也，请从此辞。

——《孔子家语》

/品思解读/

树希望静止不动，风却不停地吹动它；为人子女想要赡养父母时，父母却不在了。树是客观存在的，风却从未停息，就像那不停流逝的时间。时间易逝，万物瞬息万变，因此有想做的事一定要抓紧时间，别等到失去之后再后悔。

/写作运用/

写作主题：孝顺　惜时　感恩

写作示范：白发无声地爬上了奶奶的额前，它们宛如一根根银丝，深深地刺痛着我的心。我不想在未来感叹“树欲静而风不止，子欲养而亲不待”，因此我决定以后一定要好好珍惜和奶奶在一起的时光，多抽一些时间来陪伴奶奶。

/落笔生花/

树欲静而风不止，子欲养而亲不待。

/日有所得/

古人也爱护发

护发不仅是我们当代人会做的事情，古代的人们也非常重视头发的养护。如赫赫有名的南宋大诗人陆游，在年老的时候就曾吟道："岂料今八十，白间犹黑丝。"可见陆游在护发方面也有一手呢！真不愧为梳头护发达人！那为什么古人如此重视头发的养护呢？因为古人认为，头发健康生长代表身体健康，头发脱落则表示身体状况不佳，于是为了保护好头发，古人可谓是穷尽脑汁，还发明了多种养发药剂。看来古人为头发操的心不比现在的我们少呀！

双面雕木梳　［西汉］

cháng jiāng yǒu rì sī wú rì
常将有日思无日，
mò bǎ wú shí dāng yǒu shí
莫把无时当有时。

/追本溯源/

鸡豚狗彘之畜，无失其时，数口之家，可以无饥矣。常将有日思无日，莫把无时当有时。

——《增广贤文》

/品思解读/

在过富有的生活时，要想到以后可能会过贫穷的日子，不要到一无所有时再来回想以前的美好生活。在变化不定的时代里保持一份清醒，即使处在安定的环境中，也要想到可能产生的危难和祸害。面对无法预知的未来，随时要有应对意外事件的思想准备。

/写作运用/

写作主题： 生活　未来　忧患意识

写作示范： 人生就像天气，充满了不可预测的风暴。想在危机四伏的人生海洋中乘风破浪，我们在日常生活中，就要具备忧患意识，想好意外发生时的应对方法。“常将有日思无日，莫把无时当有时”，只有这样，才能在意外发生时，不至于手忙脚乱。

/落笔生花/

常将有日思无日，莫把无时当有时。

/日有所得/

古人养的家畜

古人驯养家畜，有的是为了帮人干活，有的是为了食用。《三字经》中有说：“马牛羊，鸡犬豕，此六畜，人所饲。”这六畜中，马、牛、犬主要是帮人干活的，鸡、羊、猪（豕就是猪的意思）主要是用来吃的。其中，牛在我们现代是常见的肉食，但在古代，牛可是农业生产中的重要工具，人们是不能随意杀牛的。除了这六畜外，古人还会养鹅、鸭等家禽。

相对于种植蔬果，饲养家畜需要花费的时间、精力更多，古人除了在一些特殊节日或场合，并不经常吃肉食。

《燕子戏禾图》

［宋］李安忠

图中两只燕子立于粟杆，一只正低头啄食，另一只抬头紧盯上方。

jūn zǐ zhī jiāo dàn rú shuǐ
君子之交淡如水。

/追本溯源/

且“君子之交，淡如水；小人之交，甘如醴。君子淡以亲，小人甘以绝”。

——《庄子》

/品思解读/

君子之间的交情，不含任何功利之心，他们的交往长久而亲切，互相不苛求，不强迫，不嫉妒，就像白水一样的淡。正是这淡若清水的关系，才让彼此在生活中扮演着恰到好处的角色。君子不常见面，却常记心中。

/写作运用/

写作主题：朋友　友谊　距离　交往

写作示范：君子之交，如清风徐徐，若明月朗朗，平淡得如同一汪清水。他们会在对方腾达时默默祝福，危难时给予支持，不一定会锦上添花，却一定会雪中送炭。君子之交淡如水，不为名利，不尚虚华，这才是朋友之间交往的最高境界。

/落笔生花/

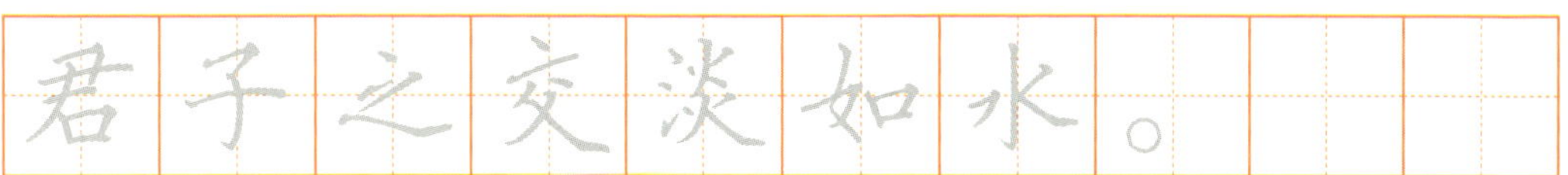

/日有所得/

君子如兰

“君子”一词，广泛出现在先秦典籍中，多指官职地位高的人。后来“君子”一词被赋予了道德的含义，并以一些植物作比，其中“君子如兰”就为大家所熟知。兰花因大多为素色，时刻散发着清新而独特的香气，高洁隐逸，给人神秘而高雅的感觉，哪怕无人问津也芳香四溢，正如同“君子”一般。因此，兰花在古人眼中有着极高的地位，孔子就曾说过：“与善人居，如入芝兰之室，久而不知其芳，与之化矣。”

《兰花图》（局部）　［清］恽（yùn）寿平

朱晖、张堪二人的君子之交

东汉时期，河南南阳有两个人，一个叫朱晖，一个叫张堪。两人在太学相识。朱晖知识渊博，为人正直。张堪很欣赏朱晖的学识与为人，把他当作朋友来对待。

张堪曾推心置腹地对朱晖说：“你是一个非常自持的人，倘若哪日我去世，想将自己的身家与妻儿托付于你！”朱晖认为张堪是前辈，只是拱了拱手，并没敢应承张堪的话。两人分别之后，就再也没有见过面。

后来，张堪做了官，他清正廉洁，家里没有什么积蓄，妻儿生活非常拮据。等到张堪去世了，妻儿的生活陷入了困境。朱晖得知了这个消息，就过去探望，向张堪的妻儿伸出了援助之手。

朱晖的儿子对朱晖此举非常不解，就问朱晖：“您二人过去并没有很深的交往，怎么您对他的家人如此厚待呢？”朱晖感慨地说：“张堪倚重我，与我生死相托，这就足够了。”

朱晖的儿子更是纳闷：“那您二人平时怎么不来往？”朱晖道：“我与张堪虽然平时不来往，但张堪在生前曾经说过知己之言。他想把家人托付我，是信任我，我又怎能辜负这份信任呢？当时我嘴上虽然没有应承，但心中早已答应他了。”

学以致用

一、结合所学知识，查查资料，完成下面的填空。

1. “六畜”是指____、____、____、____、____、____。

2. “五谷杂粮”中的“五谷”是指____、____、____、____、____。

3. 植物中的“四君子”是指____、____、____、____。

二、“海内存知己，天涯若比邻。”下面是一则关于“友谊”的小故事，读完后，用两句你所知道的关于“友谊”的名言警句来概括这则故事吧！

战国时期，蔺相如凭着聪明才智，带着稀世珍宝和氏璧出使秦国，最后完璧归赵，受到赵王赏识，封为上大夫，后来又封为上卿，比将军廉颇地位还高。廉颇认为自己英勇善战，为赵国立下汗马功劳，到头来却不如蔺相如的一张嘴，心中很不服气，于是处处排挤蔺相如。而蔺相如则是以大局为重，处处忍让，甚至见到廉颇都主动让行。廉颇听说后，非常惭愧，便袒胸露背，背着荆条向蔺相如请罪。从此，他们便成了同生死共患难的知己，一齐为国效力。

你所知道的名言①________________________________。

你所知道的名言②________________________________。

hǎi nèi cún zhī jǐ tiān yá ruò bǐ lín
海内存知己，天涯若比邻。

/追本溯源/

城阙辅三秦，风烟望五津。与君离别意，同是宦游人。
海内存知己，天涯若比邻。无为在歧路，儿女共沾巾。

——《送杜少府之任蜀州》

/品思解读/

四海之内的知己，虽然远在天边，也像近邻一样亲睦。友谊不受时间的限制和空间的阻隔，是永恒的。只要与朋友声息相通，即使远隔天涯，也犹如近在咫尺。

/写作运用/

写作主题： 知己　友情　人际交往

写作示范： 志趣不同的人，近在眼前也无法交心。而志同道合的人，即使相隔万里，也能心意相通。海内存知己，天涯若比邻，我们要珍惜友谊，哪怕山高路远，天涯阻隔。

/落笔生花/

海内存知己，天涯若比邻。

/日有所得/

古代朋友关系的称谓

在中国古代，人们十分重视交友之道，并且把朋友作为“五伦”（即君臣、父子、兄弟、夫妇、朋友五种人伦关系）之一。像普通百姓结交朋友称为“布衣之交”；富人与穷人结交朋友称为“车笠之交”；年岁差别大，行辈不同而交情深厚的朋友称为“忘年之交”；情投意合的朋友称为“莫逆之交”；即使经历生死考验也不改变友谊的朋友则称为“刎颈之交”。

《春山访友图》（局部）　［元］盛懋

shì bié sān rì jí gēng guā mù xiāng dài
士别三日，即更刮目相待。

/追本溯源/

士别三日，即更刮目相待，大兄何见事之晚乎！

——《资治通鉴》

/品思解读/

多日不见，就不能再用以前的眼光去看待别人。时间可以改变一切，量的积累会引起质的变化。不要以一成不变的态度看待他人，而要以开放的眼光看待事物。同时也要不断发展自己，提高自己各方面的水平，世间万物都是不断发展变化的，学习不能止步不前。

/写作运用/

写作主题：变化　发展　待人处事　自我提升

写作示范：“士别三日，即更刮目相待”，我们要每天学习新知识，接纳新文化，跟上时代发展的步伐。不慕古，不留今，与时变，与俗化。

/落笔生花/

士别三日，即更刮目相待。

/日有所得/

何为“士”

“士”的含义在古代经历了很多变化，它的本义是指掌刑狱之官，而商、西周、春秋时，士是最低级的贵族阶层，常用来指卿大夫的家臣。到了战国，战争不断，各国都希望通过变法走向富国强兵之路，人才便成为统治者的重要关注对象。“士”的范围因此变大，有著书立说的学士，有为知己者死的勇士，有懂阴阳历算的方士，也有为人出谋划策的策士等。后来，“士”逐渐成为统治阶级中知识分子的通称。

《柳荫高士图》　［宋］佚名

老吾老以及人之老。

lǎo wú lǎo yǐ jí rén zhī lǎo

/追本溯源/

老吾老以及人之老，幼吾幼以及人之幼，天下可运于掌。

——《孟子》

/品思解读/

尊敬自己的父母长辈，从而推广到尊敬他人的父母长辈。沧桑岁月在那些老人身上镌刻了深深的痕迹，每个人都有年老的时候，孝敬老人是中华民族传统美德。

/写作运用/

写作主题：孝道　感恩　敬老　爱老

写作示范：相信“老吾老以及人之老”这句话大家都有听过吧！敬老、爱老、助老是中华民族的传统美德，是先辈们传承下来的宝贵精神财富。在我们源远流长、博大精深的传统文化中，一直十分重视人伦道德，讲究家庭和睦，它是中华民族强大凝聚力与亲和力的具体体现。

/落笔生花/

老吾老以及人之老。

/日有所得/

聊聊老人有哪些称谓

我国乃礼仪之邦，很早便有了高尚的道德准则和完整的礼仪规范，像古代对老年人的称谓不仅多，而且有趣。有的还大有来头和讲究。例如《壮游》中的“脱略小时辈，结交皆老苍”，就称头发苍白的老人为“老苍”，而《曲江二首》中的“酒债寻常行处有，人生七十古来稀”中，又称七十岁的老人为“古来稀”。那些年老而在学术上有造诣的人则被称为“老宿”，如文坛老宿。除此之外，男性长辈的自称有老朽、老夫、老汉、老叟等，女性长辈的自称有老身、老妇、老妪等。

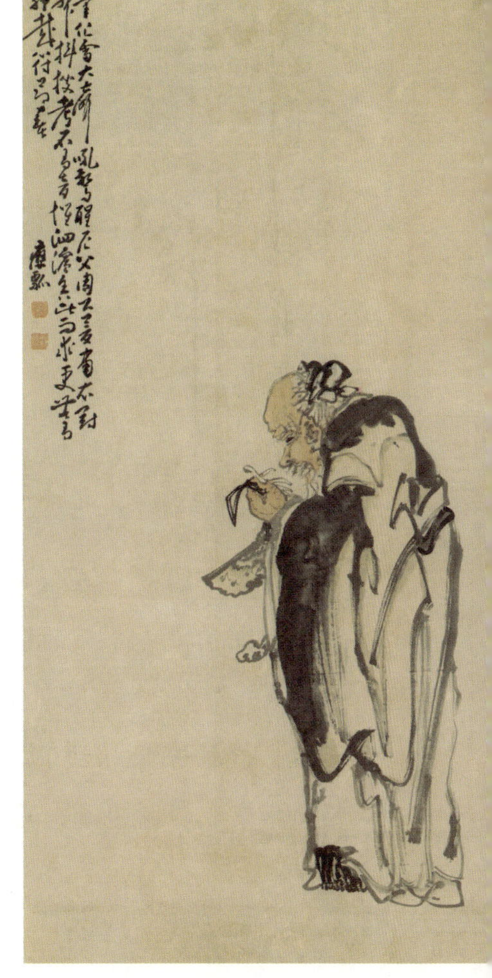

《老叟执磬图》 ［清］黄慎

xiào shàn shì fù mǔ zhě
孝，善事父母者。
cóng lǎo shěng cóng zǐ zǐ chéng lǎo yě
从老省，从子，子承老也。

/追本溯源/

孝，善事父母者。从老省，从子。子承老也。

——《说文解字》

/品思解读/

所谓孝，就是要好好善待父母。从老的一辈开始做，到小的一辈再做起，子女继承老一辈的孝心代代相传。百善孝为先，无论哪个时代，都要孝敬自己的父母。

/写作运用/

写作主题： 传承　孝心　处世准则

写作示范： 今天的语文课上，老师讲到孝时，跟我们说了这样一句话："孝，善事父母者。从老省，从子，子承老也。"听到这句话后，我被深深触动了。"孝"是我们与亲人之间最纯洁、最高尚的情感交流。身为子女的我们，要时刻常记百善孝为先。

/落笔生花/

孝	，	善	事	父	母	者	。	从	老
省	，	从	子	，	子	承	老	也	。

/日有所得/

古时教育理念“七不责”

中国古代有很多教育理念，这些理念历经了岁月的检验和完善。例如在教育孩子的问题上，古人总结出了一套“七不责”教育理念。“七不责”是指对众不责、愧悔不责、暮夜不责、饮食不责、欢庆不责、悲忧不责、疾病不责。

《芭蕉唐子图》　［元］钱选

jīn zhī xiào zhě shì wèi néngyǎng
今之孝者，是谓能养。
zhì yú quǎn mǎ jiē néng yǒu yǎng bú jìng hé yǐ bié hū
至于犬马，皆能有养；不敬，何以别乎？

/追本溯源/

子游问孝。子曰：“今之孝者，是谓能养。至于犬马，皆能有养；不敬，何以别乎？”

——《论语》

/品思解读/

孔子告诉子游现在所谓的孝，指能奉养父母。可是，就连狗与马，也都要饲养。父母和狗马都能养活，如果不能尊敬父母的话，那么奉养父母和饲养狗马还有什么区别呢？“孝”产生于内在的敬意，能做到在父母面前和颜悦色才是真正懂得了孝。

/写作运用/

写作主题： 恭敬　孝顺　警醒

写作示范： 孝敬老人，孝顺父母是自古以来的美德。但仍有许多人未能理解孝的真正意义，他们认为让父母吃穿不愁即为孝，给了父母不少的赡养费即为孝，殊不知，今之孝者，是谓能养。至于犬马，皆能有养；不敬，何以别乎？

/落笔生花/

今	之	孝	者	，	是	谓	能	养	。
至	于	犬	马	，	皆	能	有	养	；
不	敬	，	何	以	别	乎	？		

/日有所得/

说说“传统孝道文化”

我国传统孝道文化是一个复合概念，内容丰富，涉及面广。既有文化理念，又有制度礼仪。从敬养上讲，孝道文化主要包含以下几个方面的内容，即敬亲、奉养、侍疾、立身、谏诤、善终。这其中，“敬亲”是传统孝道文化的精髓，它提倡对父母首先要“敬”和“爱”，没有敬和爱，就谈不上孝。“谏诤”则是说在父母出现不义的时候，不仅不能顺从父母，而应谏诤父母，使其改正不义。

《四孝图卷·陆绩怀橘》
［元］佚名

这幅图画的是陆绩到袁术家做客时，因为母亲喜欢吃橘子而怀橘以奉母的故事。

望云思亲

狄仁杰是唐代政治家、武周时期的宰相。他为官清廉，秉政以仁，深受爱戴。狄仁杰担任并州法曹时，同僚郑崇质本该奉命到边疆工作，但因家里老母体弱多病需人照顾无法脱身，狄仁杰便请求代替郑崇质远赴边疆。还有一次，狄仁杰登上了太行山顶，只见白云孤飞，狄仁杰因而思念起了远在河阳的双亲。他对随从说："我的双亲就住在那片白云下面啊。"狄仁杰说完后，在山顶看着白云久久没有离开。

上书救父

汉文帝时期，有个人名叫淳于意。他精通医术、个性刚直。有一次，淳于意在行医时不小心得罪了一位有权势的人，导致自己遭受陷害，被押往京城治罪。

淳于意有个女儿叫缇萦，她得知父亲被陷害，千里跋涉来到京城替父申冤。缇萦不仅向汉文帝陈述了肉刑的坏处，还力证父亲清白。汉文帝感于缇萦的孝心，不仅赦免了淳于意，还下诏废除了肉刑。

学以致用

一、孝敬老人是中华民族的传统美德。读一读下面的句子，在属于敬老行为的句子后面打“√”，不属于敬老行为的句子后面打“×”。

1. 关爱老人，从我做起。

2. 赡养老年人是每个家庭成员应尽的义务。

3. 老年人也得自己学点东西，总不能什么都手把手教他们吧！

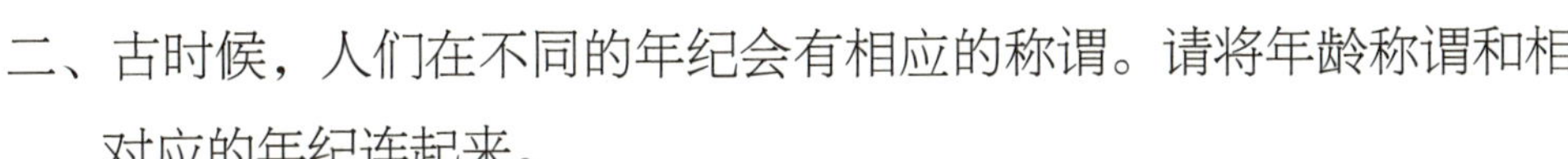

二、古时候，人们在不同的年纪会有相应的称谓。请将年龄称谓和相对应的年纪连起来。

杖家之年	七十
外傅之年	十三岁的少女
杖乡之年	六十
杖国之年	五十
金钗之年	八十
舞象之年	女孩十二岁
杖朝之年	儿童十岁
豆蔻之年	男子十五至二十岁

三、猜字谜。

1. 百善孝为先。（猜一字）

2. 老先生唯有一子。（猜一字）

xiào zǐ zhī zhì mò dà hū zūn qīn
孝子之至，莫大乎尊亲。

/追本溯源/

孝子之至，莫大乎尊亲；尊亲之至，莫大乎以天下养。

——《孟子》

/品思解读/

孟子说孝子行孝的最高境界，就是尊敬自己的父母。父母赋予我们生命，哺育我们成长，教会我们生活技能和做人的道理，他们是我们的第一任老师。父母对子女的爱是天底下最伟大、最无私的爱。我们尊敬父母，要从日常生活中的每一件小事做起。

/写作运用/

写作主题：感恩　敬孝　行孝　德行修养

写作示范：父母的爱，是无法用语言来形容的，而亲情，就像一曲悠扬的笛声，清幽婉转，轻轻地打开心扉，令人心旷神怡，陶醉其中。孝子之至，莫大乎尊亲。我们要对父母心怀感恩敬孝之心，学会饮水思源，知恩尽孝不忘本。

/落笔生花/

孝子之至，莫大乎尊亲。

/日有所得/

“孝子”的最古老语义

我们知道“孝子”一词现在有两种意思，一是指孝顺父母的儿女，二是指父母死后守孝的儿女。但“孝子”一词最早是一种称谓。《礼记·杂记上》中记载：“祭称‘孝子’‘孝孙’，丧称‘哀子’‘哀孙’。”人在父亲或母亲刚去世的时候，往往非常哀痛，哭得上气不接下气，故自称“哀子”；过了一段时间，哀痛慢慢减轻了，停止了哭泣，这时去祭奠去世的父亲或母亲时自称“孝子”。因此，“孝子”一开始是祭奠的时候才使用的称谓。后来“孝子”从为父母服丧逐渐引申出了“孝顺的孩子”的词义。

《二十四孝图·扇枕温衾》

［明］仇英

xiào zǐ zhī yǒu shēn ài zhě bì yǒu hé qì
孝子之有深爱者必有和气，
yǒu hé qì zhě bì yǒu yú sè yǒu yú sè zhě bì yǒu wǎnróng
有和气者必有愉色，有愉色者必有婉容。

/追本溯源/

孝子之有深爱者必有和气，有和气者必有愉色，有愉色者必有婉容。

——《礼记》

/品思解读/

孝子对父母有深深的敬爱之心，心中就必然充满和顺之气；心中充满和顺之气，脸上就一定会表现为和颜悦色；脸上和颜悦色，则整个人的态度必定委婉柔顺。真正的孝道，从来都不在于外在表现出来的样子，而在于内心对父母的那份深爱。

/写作运用/

写作主题：孝顺　真诚　德行

写作示范：没有哪个孩子对父母疾言厉色，动辄恶语相向，还能标榜自己是孝子的。所谓孝子之有深爱者必有和气，有和气者必有愉色，有愉色者必有婉容。如果一个人发自内心地爱父母，自然就会温柔地对待父母。孝顺不是挂在嘴边的，而是体现在行为的方方面面。

/落笔生花/

孝子之有深爱者必有和气，有和气者必有愉色，有愉色者必有婉容。

/日有所得/

皇帝的孝顺

《二十四孝》中记载了一位孝顺的皇帝——汉文帝。汉文帝名叫刘恒，他的生母是薄太后，他侍奉母亲从来没有丝毫懈怠。薄太后卧病三年，汉文帝为了母亲几乎是目不交睫，衣不解带。母亲服用的汤药，他都要亲自尝过后才放心。汉文帝对母亲如此孝顺，为当时的人们树立了榜样，他以仁孝开启了中国历史上第一个盛世——“文景之治”。

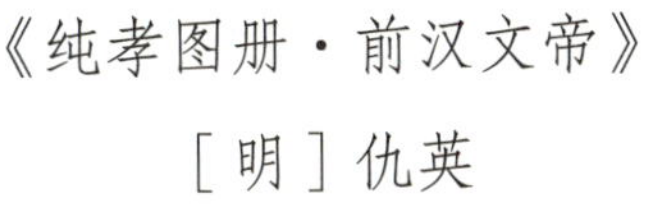

《纯孝图册·前汉文帝》
［明］仇英

事其亲者，不择地而安之，孝之至也。

shì qí qīn zhě, bù zé dì ér ān zhī, xiào zhī zhì yě.

/追本溯源/

夫事亲者，不择地而安之，孝之至也；夫事君者，不择事而安之，忠之盛也。

——《庄子》

/品思解读/

侍奉父母，无论在什么地方，无论从事何种职业，都能使父母放心，感觉安定，那便是孝敬的最高境界了。长大后的我们各赴万里，从事着不同的工作，但不论从事怎样的职业，唯一不变的是我们都要敬爱父母，让在家的父母放心。

/写作运用/

写作主题： 感恩　敬孝　道德修养

写作示范： 小时候，父母照顾我们的生活；长大一点，父母操心我们的学业；等到工作，父母又要教给我们处世的经验……父母的心，永远挂在孩子身上。如果要孝顺父母，就要像古人说的，“事其亲者，不择地而安之，孝之至也”。让父母时时安心，就是孝顺最好的表现了。

/落笔生花/

事	其	亲	者	，	不	择	地	而	安
之	，	孝	之	至	也	。			

/日有所得/

古代四民——士农工商

“士农工商”的概念出自《管子·小匡》，是春秋时期齐国政治家管仲提出的。现如今的意思是指古代公民中的四类：读书的、种田的、做工的、经商的。为什么特别指出“士农工商”现如今的意思呢，是因为在当时，管仲提出的“士农工商四民者”，与后世的“士农工商”阶层是完全不同的。首先，管仲所提出“四民”当中的“士”，不是读书人，而是军士。其次，管仲的这一政策是将国民分为军士、农民、工匠、商贾，并按照其各自的职业聚居在固定的地区。管仲认为“士农工商四民者，国之石民也”，这是说士农工商四者都是国家基石，不可或缺。

玉环　［春秋］

lǎo jì fú lì zhì zài qiān lǐ

老骥伏枥，志在千里。

/追本溯源/

神龟虽寿，犹有竟时；腾蛇乘雾，终为土灰。
老骥伏枥，志在千里；烈士暮年，壮心不已。
盈缩之期，不但在天；养怡之福，可得永年。
幸甚至哉，歌以咏志。

——《龟虽寿》

/品思解读/

有志向的人哪怕到年老时，也仍有雄心壮志。志向之于人，犹如光热之于草木。人有了志向，便可以爆发出无穷的潜力。

/写作运用/

写作主题：志向　奋斗　选择　把握时机

写作示范：生活充满选择。你的选择决定了你未来的生活。有人选择“老骥伏枥，志在千里”，这类人即使已经年老，也不停止奉献与拼搏，他们的生活因选择而大放光彩；也有人选择满足现状、不思进取过完这一生，这类人的生活因选择而黯然失色。

/落笔生花/

老骥伏枥，志在千里。

/日有所得/

被误解的牛

千里马常有，而伯乐不常有，自古以来世人皆知“千里马”，却不知道，牛的速度也不差。在人们的印象中，牛是一种行动缓慢的动物，于是人们常用“老牛拉破车”来比喻行动缓慢办事效率低。其实牛也能像骏马一样奔驰。例如西晋时，王恺养了一头牛，名为“八百里驳”，其中“八百里”是指这头牛善于奔驰。辛弃疾也曾在词中写道：“八百里分麾下炙，五十弦翻塞外声。”其中的“八百里”指的就是牛。

《斗牛图》　［唐］戴嵩

子非鱼，安知鱼之乐？

zǐ fēi yú ān zhī yú zhī lè

/追本溯源/

惠子曰："子非鱼，安知鱼之乐？"

——《庄子》

/品思解读/

不要总是以自己的眼光去看待他人。世界上没有两片相同的树叶，每个人也都有不同的见解，不要总是以为自己的见解就肯定会比他人的强，要学会站在客观角度，理性分析，尊重他人的看法。

/写作运用/

写作主题： 见解　盲目性　主观与客观

写作示范： 每个人都是独立的个体，性格不一、见解不同，所以不要总是以自己的眼光去看待他人。就好比登山，有人喜欢在山脚下肆意奔跑，有人独爱半山腰的朦胧画面，也有人向往山顶的辽阔视野。子非鱼，安知鱼之乐？可以不理解，但一定要尊重。

/落笔生花/

子非鱼，安知鱼之乐？

/日有所得/

鱼的文化象征

鱼，是人们喜爱的一种食材，但除了食用价值外，它还是一种美好的文化象征。例如，古人寄信时常把书信结成双鲤形状寄递，唐代诗人李商隐在《寄令狐郎中》诗中就曾写道："嵩云秦树久离居，双鲤迢迢一纸书。"相传，更早的时候，人们还以绢帛写信，把它装在鲤鱼腹内传给对方，故称"鱼笺"。后来，历朝历代以鱼为主题举办过很多寓意吉祥的文化活动，在这些活动中还能看到鱼灯、鱼舞。

《三鱼图》 ［宋］佚名

为亲负米

子路是春秋时期鲁国人，“孔门七十二贤”之一。在孔子的弟子中，他以勇敢、孝顺闻名。子路家里很贫穷，经常挖野菜吃。一次，他为了孝顺父母，从百里之外背米回去，只是为了让父母吃上一顿稻米。

后来，他的父母去世了，他做了大官，奉命到楚地去游学，随行的队伍中有许多车马和粮食。他所坐的座位上铺了好几层厚厚的坐垫，吃饭时面前摆着各种食器和餐具，食物十分丰盛。面对这样的情景，他感慨道：“即使我现在想吃野菜，为父母去背米，也没有这样的机会了。”

梁灏——老骥伏枥，志在千里

相传，五代时期有个叫梁灏的人，他自幼喜好读书，勤奋又聪慧，是当地有名的才子。梁灏所处的时代政权更替频繁，科考制度时断时续。直到宋太祖赵匡胤建立宋朝，才重开科考。当时梁灏已经八十二岁了，但他再一次参加了科举考试。在最后的殿试中，梁灏气宇轩昂，面对宋太祖的提问，对答如流，博得了宋太祖的赞赏，最终独占鳌头，考取了状元！

一、根据语境，展开想象。

鱼儿在水里生活得无忧无虑，偶尔心情烦闷时，冒出水面透透气，闲暇之时，又和青蛙聊聊天。一天，鱼儿心中烦闷不已，在水面透气之时，听见庄子与惠子在濠梁之上叽叽喳喳说个不停，鱼儿觉得他们太过吵闹，于是跃出水面，对他们大喊：“________________，________________？”

二、鱼是一种吉祥的动物，它经常出现在成语和诗词中，请你写出一些含“鱼”的成语和诗词。

示例：临渊羡鱼

江上往来人，但爱鲈鱼美。（《江上渔者》）

成语：________ ________ ________ ________

诗词：________________________________

____

____

三、“尊亲之至，莫大乎以天下养”这句话你是怎样理解的呢？

qún jū zhōng rì, yán bù jí yì,
群居终日，言不及义，
hào xíng xiǎo huì, nán yǐ zāi
好行小慧，难矣哉！

/追本溯源/

子曰：“群居终日，言不及义，好行小慧，难矣哉！”

——《论语》

/品思解读/

如果一群人整天聚在一起，说话不讲道德原则，胡吹乱侃，爱逞能耍小聪明，对这种口无遮拦，心中空虚，不能以道德来约束身心行为的人，想要进行教化可谓十分困难。耍小聪明的这类人，虽然他们可以得意一时，获得心理上暂时的满足，但终会害人害己，一味地耍小聪明，是无法取得真正意义上的成功的。

/写作运用/

写作主题： 影响　约束　教化

写作示范： 破坏规则、投机取巧，这就是“小聪明”。之所以称之为“小聪明”，是因为这种“聪明”为大多数人所不齿和不屑。群居终日，言不及义，好行小慧，难矣哉！拒绝小聪明，追求大智慧，才是真正意义上的聪明。

/落笔生花/

群	居	终	日	，	言	不	及	义	，
好	行	小	慧	，	难	矣	哉	！	

/日有所得/

"慧"和"惠"

"慧"字和"惠"字读音相同，在古文中意思也有相似之处，因此常常被弄混。"慧"字是聪明的意思，前面的名言中说的"好行小慧"就是说喜欢耍小聪明。"惠"字在古文中也有聪明的意思，但在现代汉语中就不怎么用"惠"来表示聪明了，而更多的是用来表示好处、恩惠，比如受惠无穷、优惠等；也可以是敬辞，用于对方对待自己的行动，比如惠顾、惠存等；还可以用来表示柔顺、善良，比如贤惠。

《群贤博古图卷》（局部）
［宋］赵伯驹

不以物喜，不以己悲。

bù yǐ wù xǐ，bù yǐ jǐ bēi。

/追本溯源/

嗟夫！予尝求古仁人之心，或异二者之为，何哉？不以物喜，不以己悲。

——《岳阳楼记》

/品思解读/

不管遇到什么事情，都以一颗平常心对待，处变不惊，淡然如菊。心态决定格局，格局决定人生。

/写作运用/

写作主题： 心境　影响　豁达　淡然

写作示范： 人生难免遭遇失意和失败，还有不公。面对这些失意尔尔，我们要学会处变不惊，做到豁达淡然。不以物喜，不以己悲。只有这样，我们才能走向美丽、充实的人生。

/落笔生花/

不以物喜，不以己悲。

/日有所得/

淡然如菊

菊花是“花中四君子”之一，它拥有着顽强的生命力，代表了坚贞不屈的精神，诗人经常借它来比拟自己的高洁情操。菊花也象征着对逝去亲人的怀念，人们通常会在扫墓时选择白色的菊花来表达对离世之人的怀念之情。除此之外，不同颜色的菊花象征的意义也是不一样的，红色菊花代表了热情奔放，黄色菊花象征着清冷、高洁，白色的菊花则为哀挽之意。

《菊谱图册页》（局部）　［清］王延格

xià xià rén yǒu shàngshàng zhì

下下人有上上智。

/追本溯源/

惠能向别驾言："欲学无上菩提，不得轻于初学。下下人有上上智，上上人有没意智。若轻人，即有无量无边罪。"

——《坛经》

/品思解读/

地位低贱的人也有高明的见识，地位显赫的人也会有智慧被埋没的时候。因此，任何时候都不要轻视他人，换言之，若想寻找真理，就不要轻视那些自以为简单的事物，要善于从寻常的生活中获得启示。

/写作运用/

写作主题：智慧　真理　个人价值

写作示范：小小的牧童一眼就发现了戴嵩《斗牛图》中的错误，指出斗牛时牛尾应夹在两条后腿之间；老河兵凭借自己的经验协助僧人，最后果真在河上游找到了沉落河底的石兽。下下人有上上智。不要轻视他人，善于听取意见才是明智之举。

/落笔生花/

下下人有上上智。

/日有所得/

被误导了的“哀家”

要说古代地位最尊贵、最显赫的，那就是皇帝了，但就算是皇帝，有时也得听母亲的话，毕竟“以孝为先”！而提起太后，大家脑海里是不是就自动浮现出来一个自称“哀家”的形象？其实历史上的那些太后在现实生活中从不自称“哀家”。“哀家”一词实际上是戏曲中太后在丈夫死后的自称，有自称可怜之人，无夫之哀的意思。随着“哀家”一词频繁地出现在文学作品、影视作品中，人们才误以为“哀家”是皇后或太后平时的自称。

《崇庆皇太后万寿庆典图》（局部） [清] 张廷彦

掘井须到流，结交须到头。

jué jǐng xū dào liú, jié jiāo xū dào tóu

/追本溯源/

上不欺星辰，下不欺鬼神。知心两如此，然后何所陈。
食鱼味在鲜，食蓼味在辛。掘井须到流，结交须到头。
此语诚不谬，敌君三万秋。

——《不欺》

/品思解读/

挖井要挖到有水才行，交朋友也要自始至终信守默契。做任何事都要坚持不懈，不能半途而废。友谊就像是两棵根深蒂固的树，在阳光下，一同沐浴欢笑，在风雨中，共同坚强成长。

/写作运用/

写作主题：时间　友情　坚持　放弃

写作示范：与人相交时，要互相信任，互相支持，共担风雨，共同成长。掘井须到流，结交须到头。无论人生之路多么漫长，多么崎岖，我们也不能放弃，不能半途而废。我们要坚定地站在朋友身边，共同克服困难，怀抱交友初心一直走下去。

/落笔生花/

掘井须到流，结交须到头。

/日有所得/

古人掘井要放乌龟

古人在掘井的时候，还是颇有讲究的，他们会在新挖好的水井里放上一只乌龟。这是为什么呢？其实，关于古人掘井放乌龟有两种说法，一种是说乌龟是瑞兽，有镇守的作用，再加上乌龟也是长寿的象征，所以古人把乌龟放到新打好的井中，就是为了祈福，希望乌龟能够镇守这一方的水源，带来祥瑞。还有一种说法说是为了检验水质，古人在乌龟刚放下井时不会喝井水，而是先观察乌龟几天，没有发现异样后，才开始使用井水。

《蓼龟图》

［宋］佚名

jìn xián zé cōng　jìn yú zé kuì
近贤则聪，近愚则聩。

/追本溯源/

听误多害，听妄多败。近贤则聪，近愚则聩。

——《六韬》

/品思解读/

与贤明的人相处，时间久了，自己也会变得聪明；与愚蠢的人相处，时间久了，自己也变得糊涂。现实生活中，和什么样的人相处很重要，他们可以影响你的人生轨迹。想驰骋大地，就得和骏马一起奔跑，而不能与鹿羊同行，这就是潜移默化的力量。

/写作运用/

写作主题：环境　影响　人生机遇

写作示范：近贤则聪，近愚则聩。人与人之间的影响，都是潜移默化的。遇小人，花言巧语之时拉你跌入深渊。遇智者，阔步高谈间为你带来新知。所谓水往低处流，人往高处去。人生在世，要想走得更远，光修炼自己是不够的，也要结交良师益友。

/落笔生花/

近贤则聪，近愚则聩。

/日有所得/

文　圣

“圣”有最崇高之意，“圣”是我国古代人民对某个人物作出的最高评价。例如，在古代，最高统治者被称为“圣上”。那你知道在古代有谁被尊称为“文圣”吗？“文圣”一指周公。他是西周开国元勋，因为制定了系统的礼法制度，所以被尊为儒学奠基人。二指把周公当作自己道德典范的孔子。三指欧阳修。不同于前两位，欧阳修“文圣”的“文”是指文章，形容欧阳修的散文成就达到极高境界。

《八相图·周公》　［宋］佚名

素材天地

以天下为重的范仲淹

范仲淹是北宋时期的名臣，也是著名的文学家。“不以物喜，不以己悲”就出自他写的《岳阳楼记》。这篇文章中，还有一句名言“先天下之忧而忧，后天下之乐而乐”，是他这一生的真实写照。

范仲淹幼时父亲就去世了，他跟随母亲改嫁，生活过得十分清苦。有个成语“断齑画粥”就是范仲淹的故事，说的是他年少的时候苦读，每天熬一碗粥，等粥凝固之后划成四块来吃。经过数年苦读，他终于进士及第，成为朝廷官员。

范仲淹在为官期间，对百姓非常爱护，并且他的能力极强，在治水、赈灾方面都做出了很大的贡献。后来，他还针对北宋当时的内忧外患，提出了改革的意见，领导了北宋历史上著名的“庆历新政”。虽然“庆历新政”只推行了一年四个月，就被一些持反对意见的大臣攻击而不得不宣告失败，但还是对当时的朝政起到了积极的影响，也促进了后来的王安石变法。

“庆历新政”推行的过程中，还有这样一个小故事。在庆历新政期间，范仲淹对官员的考核与任命非常严格。他亲自取来官员名册，逐一检查他们的任职情况，凡是不称职的官员，他都在名册上画上一笔，勾销他们的职务。他的同僚富弼见他如此不留情面，便对他说：“你用笔轻轻一勾，就撤掉了他们的职务。他们一家人都要伤心地痛哭了！”范仲淹却说：“他们一家人哭，总比他们祸害千家万户，让更多的人家哭好得多吧！”最后他坚持将不称职的官员全部罢免。

范仲淹以天下为重，以百姓为先的思想也影响了很多后人，让许多仁人志士以他为榜样，为百姓谋福利。

学以致用

一、说说下列颜色的菊花分别代表什么意思。

1. ________　　2. ________　　3. ________

二、结合所学知识，给下列称号和对应的人物连线。

诗圣　　　　王羲之

书圣　　　　杜甫

茶圣　　　　吴道子

医圣　　　　张仲景

画圣　　　　陆羽

三、试着用本周学到的名言警句结合一个典故来写一段话。

fù bù cí zé zǐ bú xiào
父不慈则子不孝，
xiōng bù yǒu zé dì bù gōng fū bú yì zé fù bú shùn
兄不友则弟不恭，夫不义则妇不顺。

/追本溯源/

夫风化者，自上而行于下者也，自先而施于后者也。是以父不慈则子不孝，兄不友则弟不恭，夫不义则妇不顺矣。

——《颜氏家训》

/品思解读/

父亲不慈爱，子女就不会孝顺；兄长不友爱，弟弟就不会恭敬；丈夫不仁义，妻子就不会温顺。大凡风俗、教化，从上面领导开始，而后表现在下面群众的行动上；从先辈开始，而后施行于后辈。

/写作运用

写作主题： 教化　家风　传承　言行　言传身教

写作示范： 家风是一种无言的教育，是一个家庭的总基调，是一种恒久的、无形的力量。家是最小国，国是最大家。个人最基本的道德礼仪与家风分不开，家里有淳朴风气，那么一家人都淳朴。正所谓“父不慈则子不孝，兄不友则弟不恭，夫不义则妇不顺”。

/落笔生花/

父	不	慈	则	子	不	孝	，	兄	不
友	则	弟	不	恭	，	夫	不	义	则
妇	不	顺	。						

/日有所得/

《颜氏家训》

南北朝时期的文学家、教育家颜之推结合自己的人生经历、处世哲学、思想学识，写成《颜氏家训》一书训诫子孙。全书主要是用传统儒家思想教育子弟，讲如何修身、治家、处世、为学等。颜之推提倡学习，反对不学无术；认为学习应以读书为主，同时也要注意工农商贾等方面的知识；主张“学贵能行”，反对空谈高论、不务实际等。

《童子礼佛图》　［明］佚名

rén shēng guì xiāng zhī, hé bì jīn yǔ qián
人生贵相知，何必金与钱。

/追本溯源/

凿井当及泉，张帆当济川。
廉夫唯重义，骏马不劳鞭。
人生贵相知，何必金与钱。

——《赠友人三首·其二》

/品思解读/

人与人之间贵在彼此知心，相互理解，不必重在利益交往，不以贫贱富贵作为择友的标准。漫漫人生路，如果有了相互了解的朋友做伴，就能够获得精神上的支持。哪怕用再多的金钱、再多物质上的诱惑也换不来这般真挚的友谊。

/写作运用/

写作主题： 知己　交往　价值观　择友准则

写作示范： 当你疲惫时，朋友是你避风的港湾；当你迷惑时，朋友便是黑暗中指引你前行的一盏明灯。人生贵相知，何必金与钱。

/落笔生花/

人生贵相知，何必金与钱。

/日有所得/

古代的铜钱

铜钱是古代铜质辅币，一般为圆形，中有方孔。中国历代钱币大多数是以铜合金形式铸造，铜钱是古代钱币最常见的一种。由于铜钱较小，数目一多，携带起来就不方便，古人便想出了一个办法，先用绳索将一千个钱币穿成串，再将铜钱盘起来缠绕腰间，这样既方便携带又安全。“盘缠”一词即来源于此。

五铢钱 ［汉］

门内有君子，门外君子至。

mén nèi yǒu jūn zǐ, mén wài jūn zǐ zhì

/追本溯源/

大人出言谬矣！岂不闻十室之邑，必有忠信。门内有君子，门外君子至。

——《警世通言》

/品思解读/

物以类聚，人以群分。刘禹锡虽然住在陋室，但与他往来的都是饱学多识之士。主人若是一个有品德的君子，那么登门拜访他的客人和他所交往的朋友也会是有修养的君子。

/写作运用/

写作主题： 影响　人际交往　品德修养

写作示范： 门内有君子，门外君子至。是柏杨，俊鸟自会来栖；是大海，百川自会来聚。与凤凰同飞，必是俊鸟；与骏马同行，必是良驹！提升自己的品德修养，与志同道合的人一同进步。

/落笔生花/

门内有君子，门外君子至。

/日有所得/

折了门槛便无内无外

现如今的房屋，门槛已经非常少见了，我们更多见到的是铺在房屋入口处的门垫。但门槛在古代的房屋中是不可或缺的。古代的门槛是门里门外的分界线。门槛大多用石条、木条砌成，高一点的门槛，一定程度上还可以起到防风沙、防水、防虫鼠的作用。有句俗语讲“折了门槛便无内无外”，说明门槛是家庭秩序内外之别的礼制界限。此外，在古代，门槛只能一步跨过去，不可以踩在上面，因为这是一种对宅主不尊敬的行为。

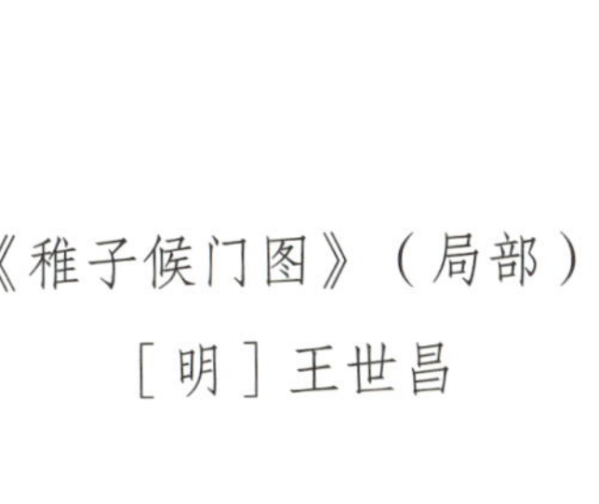

《稚子候门图》（局部）

［明］王世昌

shì wèi zhī jǐ zhě sǐ
士为知己者死，
nǚ wèi yuè jǐ zhě róng
女为悦己者容。

/追本溯源/

豫让遁逃山中曰："嗟乎！士为知己者死，女为悦己者容，吾其报知氏矣！"

——《战国策》

/品思解读/

男人愿意为赏识自己的人献身，女人愿意为欣赏自己、喜欢自己的人而打扮。人在听到肯定的言语时，会被激励，这也意味着，当一个人受到肯定时，他心里会充满感动，并且心怀感恩。每个人都希望被认可、欣赏。真诚与人交往，给予适当的鼓励和夸赞，能够加深彼此之间的感情，相处也会更和谐。

/写作运用/

写作主题： 知己　欣赏　陪伴　感恩

写作示范： 茫茫人海，知己难觅，我们都需要一个心灵上的知己。知己的情，是一种无言的温暖，是一种无形的陪伴，是思想深处的共鸣。正所谓"士为知己者死，女为悦己者容"。

落笔生花

士为知己者死，女为悦己者容。

日有所得

古代女子的“七步化妆术”

古人化妆的历史由来已久，可谓步骤繁复，用具奢华。古人化妆的第一个步骤是敷铅粉，铅粉能使面容更加白皙细腻。早在商朝，用于敷面的铅粉就已经出现了。第二步：抹胭脂。胭脂一般从中药材里提取，涂抹后能增添气色。第三步：画黛眉。古代流行的眉形有远山眉、柳叶眉、新月眉等。第四步：点额黄。额黄，指在额间贴上装饰，材料一般是金箔、丝绸、云母片。第五步：画面靥。指在女子的面部用丹青、朱红等颜料点缀出各种形状。第六步：描斜红。在眼角旁描上一种像月牙一样的红色痕迹。第七步：点口脂。口脂和胭脂是通用的，装在小盒或者小罐中，用手指直接蘸取、点涂。

《靓妆仕女图》

［宋］苏汉臣

shuǐ zhì qīng zé wú yú
水至清则无鱼，
rén zhì chá zé wú tú
人至察则无徒。

/追本溯源/

古者圣主冕而前旒，所以蔽明也；纩纨充耳，所以掩聪也。水至清则无鱼，人至察则无徒。

——《孔子家语》

/品思解读/

水如果太清的话，里面的鱼儿失去保护屏障，很容易就被抓住了。人如果太精明、太苛刻的话，就没人愿意与之交往。只有水中杂物比较多时，里面的鱼才可以借杂物遮蔽自己，人也一样，在交友处事上，如果过分计较，反而容易因小失大。

/写作运用/

写作主题：相对性　交友处事　充盈与缺陷

写作示范：生活中，有的人不懂得知足，得陇望蜀；有的人又过于精明苛刻，锱铢必较，他们都不懂得“水至清则无鱼，人至察则无徒”的道理。在为人处事上，我们应该肯定好的德行，宽以待人，原谅他人犯下的一些小过错。人无完人，不能太过求全责备。

/落笔生花/

水至清则无鱼，人至察则无徒。

/日有所得/

新石器时代古人捕鱼的智慧

我们知道人类最古老、最简单的捕鱼方法是用手摸鱼，高效一点的捕鱼方法就是用网捕。那还有没有其他的捕鱼方法呢？通过在新石器时代早期遗址中发现的各式镞和单、双乃至三排倒刺的鱼镖，可以推测当时古人主要使用弓箭猎鱼和鱼镖叉鱼两种方法。除以上两种方法外，人们在同期的遗址中还发现了较多的网坠，说明当时古人也用网坠捕鱼。

《渔乐图》（局部）　［明］周臣

君子李勉

李勉是唐朝人，从小喜欢读书，并且很有诚信儒雅的君子风度。李勉虽然家境贫寒，但是从不贪取不义之财。有一次，李勉外出学习，在一家旅馆里，正好遇到一个准备进京赶考的书生。俩人一见如故，不久便成了好朋友。这天书生突然生病，卧床不起。李勉连忙为他请来郎中，并且按照郎中的吩咐帮他煎药，照看着他按时服药。可是，多日过去，书生的病不但没有好转，反而一天天地恶化下去了。

一天傍晚，书生拉着李勉说："我剩的时间不多了，临终前兄弟还有一事相求。"李勉连忙道："哥哥不必客气，有事请讲。"

书生说："把我床下的小木箱拿出来，帮我打开。" 李勉按照吩咐做了。书生指着里面一个包袱说："这些日子，多亏你无微不至的照顾。这是一百两黄金，本是赶考用的盘缠，现在用不着了。我死后，麻烦你用部分黄金替我筹办棺木，将我安葬，其余的都奉送给你，算我的一点心意，请千万要收下。"

第二天清晨，书生去世了。李勉遵照他的遗愿，精心为他料理后事。剩下的许多黄金，李勉一点也没有动用，而是仔细包好，悄悄地埋在棺木下面。不久，书生的亲属接到李勉报丧的书信后赶到客栈。他们移出棺木后，发现了陪葬的黄金，都很吃惊。了解到黄金的来历后，大家都被李勉诚实守信、不贪财的高尚品行所感动。后来李勉在朝廷做了大官，但他仍然廉洁自律，诚信自守，深受百姓的爱戴。

学以致用

一、如果河水不够清澈，甚至还有许多杂物，那里面的鱼儿则可以借杂物来遮蔽自己。动动笔，展开脑洞，画一幅“水中鱼儿遮蔽图”吧！

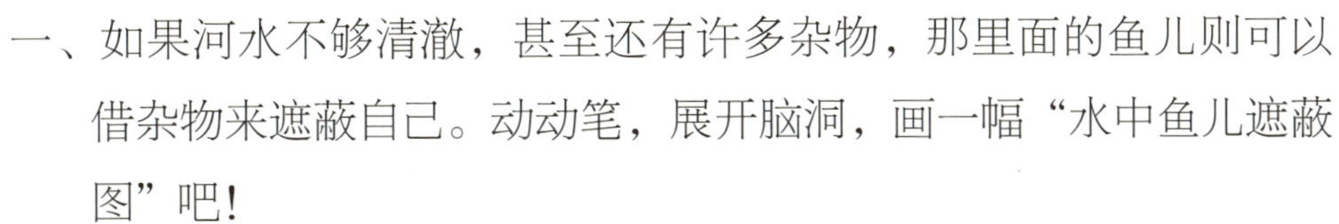

二、试着查查资料，完成下列的判断题。

1. 世界上最早的纸币“交子”是北宋时期出现的。

2. 交子，最早出现于四川地区，发行于1085年的成都。

3. 方孔铜钱的来历据说是应天圆地方之说，古代人们认为天是圆的，地是方的，所以秦朝铸钱以此为型。

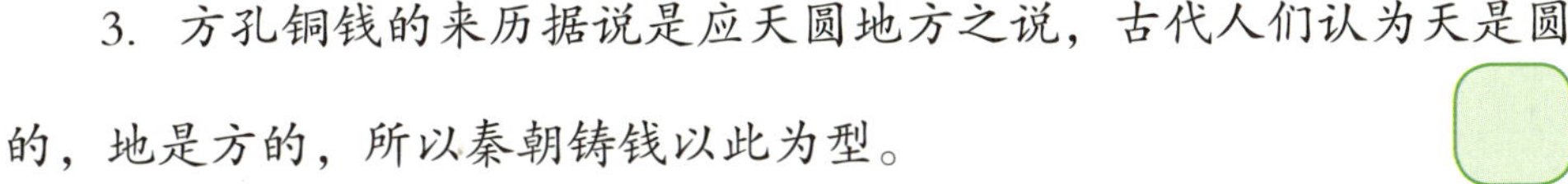

4. 通宝，是中国宋以后钱币的一种名称，因铸文中有“通宝”字样而得名。

三、在本周的学习中，你对哪句名言体会最深呢？请说一说感悟。

àimíngshàng lì xiǎo rén zāi
爱名尚利，小人哉！

/追本溯源/

子曰："爱名尚利，小人哉！未见仁者而好名利者也。"

——《中说》

/品思解读/

喜欢追求名誉，贪图利益，这样的人是小人。君子不言利并不是说他们完全不获取利，只不过他们不会跟小人一样唯利是图，这就是君子与小人的区别。在义的范围内追求利，是值得提倡的，也是符合历史发展的。

/写作运用/

写作主题：道义　利益　良心

写作示范：爷爷喜欢收藏报纸。今天，我帮他整理报纸时，看到了这样一则报道，报道的内容是一家有名的食品公司为降低成本，使用了劣质的原材料，导致有人吃了之后出现了身体不适，该公司负责人也因此被抓。爱名尚利，小人哉！这个唯利是图的公司负责人被抓真是大快人心。

/落笔生花/

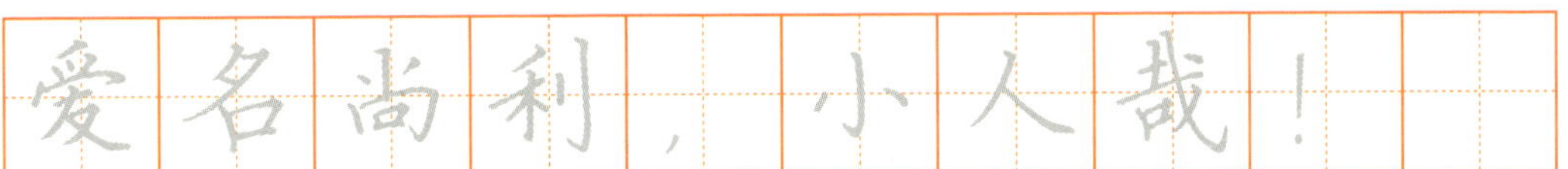

/日有所得/

古代官职中的虚职

在我国漫长的历史中，朝代一次次更迭，官职体系也不断发展，有的官职逐渐被摒弃，有的官职一代代传下来。在官职体系的发展过程中，产生了一些听起来很荣耀，实际上只是有名无实的官职，常被称为虚职。

其中最有代表性的就是“三公”，“三公”是中国古代地位最尊显的三个官职的合称，有时是司马、司徒、司空，有时是太师、太傅、太保，历朝“三公”都有一定的变化。“三公”在最初设立的时候是有很大权力的，不过，大多数的皇帝都不能容忍臣子的权力过大，所以“三公”的权力逐渐被削弱，变成了虚职。

《摹睢阳五老图・杜衍》 ［明］尤求

物以类聚，人以群分。
wù yǐ lèi jù　rén yǐ qún fēn

/追本溯源/

方以类聚，物以群分，吉凶生矣。

——《周易》

/品思解读/

同类的东西会聚在一起，人按照其品行、爱好而形成团体。生活中，我们不难发现，有相似爱好、相同脾气的人往往容易互相吸引。如果一个人行事光明磊落、尊老爱幼，那么他的朋友也一定有相同的品格。在人际交往中，如果身边有不学无术的人，为了让自己不受到影响，一定要趁早远离，否则只会慢慢腐蚀自身心智，以致最后一无所成。

/写作运用/

写作主题： 环境　影响　品行优劣

写作示范： 赵某是一个品行恶劣的人，他经常打架斗殴、迟到早退，还经常欺负班上的女生，和他一起玩的王某和李某也是如此，真是“物以类聚，人以群分”。不知道这几个人什么时候才能幡然醒悟，改过自新，还班级一片净土。

/落笔生花/

物以类聚，人以群分。

/日有所得/

古代之文士齐聚

在古代，人们也会有各种聚会活动。其中“文会”指的是文士们的聚会，也被称为“雅集”。古时候，怡情养性就是文人们聚会的活动宗旨，吟诗、勘书、赏画、抚琴、手谈（下围棋）等清雅事项都属于他们聚会上的主要活动。

《南唐文会图》（局部）　［宋］佚名

qiǎo yán bù rú zhí dào

巧言不如直道。

/追本溯源/

巧言不如直道。则这九公主，曾与你说状元么？

——《郁轮袍》

/品思解读/

假言假语不如有话直说。不刻意包装自己的话术，内心澄澈又真实，与这样的人相处起来，总是会让人感到安心。深交的关键在于真诚。有话直说，实话实说，才是最好的坦诚之道。正因为这类人表里如一，讲原则有底线，所以即使他们不迎合和讨好他人，也有人愿意与之相交。

/写作运用/

写作主题：坦诚　品格　说话　交友之道

写作示范：坦诚与虚伪如冰炭不能同器，又如水火不能相容。自私胆怯的人怕见坦诚，心怀鬼胎的人躲避坦诚，油嘴滑舌的人蔑视坦诚。坦诚，是心灵情感的交融；坦诚，能结出信赖和友谊的果实。巧言不如直道，对人坦诚相待，才能树立高尚人格，交到知心好友。

/落笔生花/

巧言不如直道。

/日有所得/

古代“高速公路”——秦直道

“道”字有很多含义，我们今天说一说“道”的本义——道路。道路是生活、出行中不可或缺的一部分。秦朝时期，秦始皇为了巩固统治，实行“车同轨”，命人修筑秦直道。秦直道相当于古代“高速公路”，是南起陕西林光宫，北至今内蒙古包头九原区的一条南北长达 700 多公里的军事通道。有了直道后，一旦长城告急，从咸阳出发的骑兵经直道三天三夜就可以到达长城脚下，后勤物资也可以由此源源不断地运送到战场，同时伤员的转运救治，情报的传递也更加流畅快速。

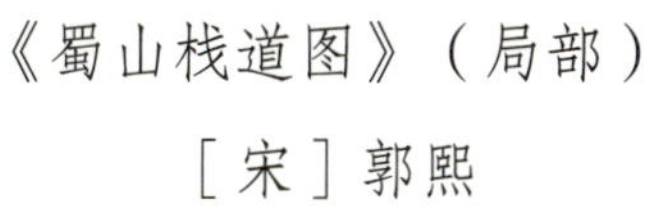

《蜀山栈道图》（局部）

［宋］郭熙

yǒu rú zuò huà xū qiú dàn
友如作画须求淡，
shān sì lùn wén bù xǐ píng
山似论文不喜平。

/追本溯源/

友如作画须求淡，山似论文不喜平。

——《尚湖晚步》

/品思解读/

朋友之间相处就好像画画一样，颜料、水墨都要淡。只有平淡的关系才不会存在互相利用。而看山就像写文章一样，不能平平淡淡。只有起伏不平、曲折有致的山，才能让人有观赏的兴趣。

/写作运用/

写作主题：友情　交情　追求

写作示范：人与人之间的关系都应该有一个界限。清朝翁照在《尚湖晚步》中有云："友如作画须求淡，山似论文不喜平。"与友人交往是平淡的，彼此没有瓜葛纠缠，不存在利益的烦扰。

/落笔生花/

友	如	作	画	须	求	淡	，	山	似
论	文	不	喜	平	。				

/日有所得/

作画的常用颜料——丹青

“丹青”的丹是指丹砂，青指青雘（huò），这两者作为红色和青色的矿物颜料经常被用到我国古代绘画中，丹青也便成为绘画艺术的代称。如杜甫的《丹青引赠曹将军霸》：“丹青不知老将至，富贵于我如浮云。”此外，古人也把画家称为“丹青手”，把优秀画家称为“丹青妙手”，民间则称画工为“丹青师傅”。又因丹青比植物性颜料保存时间长，不易褪色，因此常用“丹青不渝”来比喻坚贞。

《千里江山图》（局部）　［宋］王希孟

丈夫重知己，万里同一乡。

zhàng fū zhòng zhī jǐ, wàn lǐ tóng yì xiāng

/追本溯源/

本为四海人，岂得常相将。

丈夫重知己，万里同一乡。

——《仲夏直左掖门送夏彝仲南归》

/品思解读/

大丈夫交友看重的是知己，即使远隔万里，也像是同在一乡一样感到亲近。交友之道深且广，如若交到一知己，则人生畅快也。偶尔的相聚，在夜深人静之时，伴着朦胧的月光将彼此的经历娓娓道来，或是曾经获得的成功，或是那些不为人知的艰辛。无论如何，此时我们的知己总会送上最真心的祝贺或安慰。

/写作运用/

写作主题：情谊　知己　价值观

写作示范：丈夫重知己，万里同一乡。鱼儿把大海当作知己，小草把大地当作知己，鸟儿把天空当作知己，而我把书籍当作知己。书籍带给我的不仅是感动，更是心灵的震撼。它常常在我沮丧时给我鼓励；在我孤独时，默默地陪伴我；它既是我的知己，也是我永远的朋友。

/落笔生花/

丈夫重知己，万里同一乡。

/日有所得/

刘柳之交

知己，是春风得意时的相互支持，是天涯沦落时的不离不弃。唐朝的刘禹锡与柳宗元并称“刘柳”，他们二人相识、相知有二十多年。“刘柳”一起进京应试，同登进士；一起同朝为官，手足相亲；一起诗酒唱和，趣味相投；一起参与永贞革新，并肩战斗；一起被贬，一起被起用……后来，柳宗元身患重病，临死前几次写信，把文稿和家小全都托付给刘禹锡，刘禹锡也未辜负老友的托付，用后半生的心血编撰成一部《柳河东集》。

《摔琴谢知音图》 ［宋］刘松年

高山流水遇知音

春秋时期，有个叫伯牙的人，他精通音律，琴艺高超，但他总觉得自己还不能出神入化地表现对各种事物的感受。伯牙的老师知道他的想法后，就带他乘船到东海的蓬莱岛上，让他欣赏大自然的景色，倾听大海的波涛声。伯牙举目眺望，只见海鸟翻飞，鸣声入耳，山林树木，郁郁葱葱，如入仙境一般。一种奇妙的感觉油然而生，他情不自禁地取琴弹奏，音随意转，把大自然的美妙融进了琴声，伯牙进入到一种前所未有的境界。老师告诉他："你已经学会了。"

一夜，伯牙乘船游览。面对清风明月，他思绪万千，于是又弹起琴来，琴声悠扬，渐入佳境。忽听岸上有人叫绝。伯牙闻声走出船来，只见一个樵夫站在岸边，他知道此人是知音，当即请樵夫上船，兴致勃勃地为他演奏。伯牙弹起赞美高山的曲调，樵夫说道："真好！雄伟而庄重，好像高耸入云的泰山！"当他弹奏表现奔腾澎湃的波涛时，樵夫又说："真好！宽广浩荡，好像看见滚滚的流水，无边的大海一般！"伯牙兴奋极了，激动地说："知音！你真是我的知音。"这个樵夫就是锺子期。从此二人成了非常要好的朋友。

后来，锺子期去世了。伯牙觉得世间再无人能听得懂自己的琴声，他便将琴摔碎，发誓终生不再抚琴。

一、古往今来有许多绝妙的对联，让人拍案叫绝。将下列上、下联对应起来。

① 浮云长，长长长，长长长消　　④ 书临汉帖翰林书

② 画上荷花和尚画　　⑤ 祸不单行，昨夜行

③ 福无双至，今朝至　　⑥ 海水朝，朝朝朝，朝朝朝落

二、正所谓“物以类聚，人以群分”，请你根据下列人物的品性为他们划分类别，填序号。

① 苏武　② 赵高　③ 李林甫　④ 文天祥　⑤ 魏忠贤　⑥ 辛弃疾

⑦ 秦桧　⑧ 岳飞　⑨ 吕布　⑩ 包拯　⑪ 诸葛亮　⑫ 严嵩

⑬ 屈原　⑭ 于谦　⑮ 姬庆父

正义之士：

一丘之貉：

三、你最喜欢的古代画家是谁呢？试着用本周了解的名言给你最喜欢的画家写一封信吧！

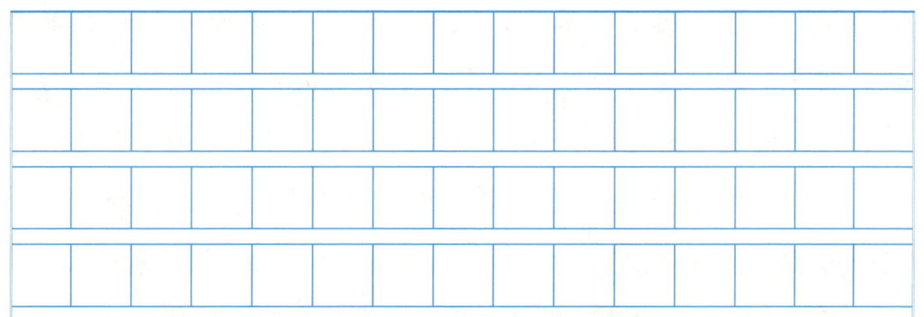

yǔ péng you jiāo zhǐ qǔ qí cháng bú jì qí duǎn
与朋友交，只取其长，不计其短。

/追本溯源/

汝与朋友相与，只取其长，弗计其短。

——《温氏母训》

/品思解读/

和朋友交往，要多学习朋友的长处，不要计较朋友的缺点。人人都有缺点，朋友亦然。特别是朋友之间，因为亲近，接触得多，所以越容易发现其不足。只有多看朋友的长处，把朋友的长处吸收，变成自己的长处，才能和朋友一起在人生路上肩并肩、手挽手，共谱新篇章。

/写作运用/

写作主题： 长处　短处　自省　交友之道

写作示范： 放学回家后，我生气极了，不停地跟姥姥抱怨我的新朋友，说他爱计较、心眼小，中午吃饭不排队，放学后也不等我。姥姥语重心长地对我说："我知道你是一个好孩子，但和朋友交往，不能只看到他的缺点，要善于发现他的优点。"姥姥的话让我想起一句名言："与朋友交，只取其长，不计其短。"想到这儿，我不好意思地挠挠头，向姥姥保证之后不会再计较朋友的缺点了。

/落笔生花/

与朋友交，只取其长，不计其短。

/日有所得/

古代的测量工具

在古代，人们最初是以人的手、足等作为长度单位来测量田地。但因人的手、足大小不一，于是便逐渐以物体作为测量单位，如商朝出现的象牙尺和公元9年制造的新莽铜卡尺等。其中新莽铜卡尺于1992年出土，由固定尺和活动尺两部分组成，后者可以在前者上平行滑动。据卡尺上的文字知其制作时间是在王莽篡汉称帝的第一年，也就是公元9年。新莽铜卡尺是世界上最早的滑动卡尺，纠正了世人过去认为游标卡尺是欧美科学家发明的观念。

《名贤雅集图》（局部）

［明］沈周

信言不美，美言不信。

xìn yán bù měi　měi yán bú xìn

/追本溯源/

信言不美，美言不信。

善者不辩，辩者不善。

——《老子》

/品思解读/

真实的话因为揭示了现实的残酷，所以不美妙动听；美妙的言辞、文章，因内容往往不真实，而不可信。美言往往不是真心话，也不是事实真相，这样的话虽然让人听了高兴，但也会让听信他人美言的人犯更多的错。古时候因用人不当而误国误民的事时常发生。我们要听真实的话，避美言之祸。

/写作运用/

写作主题： 真实　虚假　保持理智

写作示范： 信言不美，美言不信。信言是一碗苦丁茶，味苦却沁人心脾；美言是一杯鸩酒，醇香却夺人性命。真诚质朴的信言，逆耳却醍醐灌顶；阿谀奉承的美言，顺耳却贻害无穷。信言让人明得失，美言让人失理智。让我们听信言，斥美言，让信言优化我们的社会，装点我们的生活，佐助我们的事业。

/落笔生花/

信言不美，美言不信。

/日有所得/

“以悲为美”的汉魏六朝诗文

古代的诗文，在不同的时期，有着不同的审美风格。汉魏六朝是我国古代诗歌逐渐成熟的重要时期，这一时期的诗文出现了“以悲为美”的美学特征。这一审美意识，并不是凭空产生的。它来源于这一时期苦难的社会生活。并且这个时期的帝王将相也有很多悲情作品，且影响较大。比如曹操在《短歌行》一诗中写有：“譬如朝露，去日苦多。”诗句将人生比喻成一颗转瞬即逝的露珠，将人生的短暂与无常表现得淋漓尽致。

《埋香黛玉泣残红》（局部）
［清］孙温

cóng shàn rú dēng　cóng è rú bēng

从善如登，从恶如崩。

/追本溯源/

谚曰："从善如登，从恶如崩。"昔孔甲乱夏，四世而陨；玄王勤商，十有四世而兴。

——《国语》

/品思解读/

一个人如果要做好事、做善事，或者是干一番有意义的事业，那就会像登山一样艰难，因为会面临很多的困难和问题。而一个人若是想要放纵自己，是很容易的，就像雪山崩塌、山崩地裂那样，一下子就会垮下来。

/写作运用/

写作主题： 善恶　品德修养　放纵享乐

写作示范： 从善如登，从恶如崩。人之所以从善困难，从恶容易，与自制力有很大关系。人天生是好安逸，有惰性的。善的德行大多与节制、奉献、坚持有关，这需要人有坚强的意志。而恶的言行则无须花费力气，所以引人沉迷放纵，最后自食其果。

/落笔生花/

从善如登，从恶如崩。

/日有所得/

重阳登高习俗知多少

重阳节登高的习俗历史悠久。据现存的文献记载，早在战国时期，民间就有重阳节时登高、饮菊花酒的风俗，因此重阳节又叫“登高节”。重阳登高习俗源于古人对山岳的崇拜。登高的地点，没有统一的规定，一般是登高山、登高塔。唐代诗人王维在《九月九日忆山东兄弟》中就写有“遥知兄弟登高处，遍插茱萸少一人”的诗句，意思是遥想兄弟们在重阳节这天都登上了高山，佩戴茱萸的时候却发现少了“我”。可见除了登高，插茱萸也是重阳习俗。

《云峰远眺图》 ［宋］佚名

bú bì rén zhī shàn　bù yán rén zhī è
不蔽人之善，不言人之恶。

/追本溯源/

臣入竟，闻楚之俗，不蔽人之善，不言人之恶，诚有之乎？

——《战国策》

/品思解读/

做一个心胸开阔有德行的人，不要让偏见和嫉妒蒙蔽了自己的心，不刻意忽视别人的优点，对于别人的短处也不要说三道四。做事光明磊落，为人正直善良，这样的人令人敬重，值得成为至交。而背地里喜欢说三道四的人，常会令人生厌，唯恐避之不及。

/写作运用/

写作主题：修养　德行　优缺点

写作示范：在现实生活中，很多人总是放大自己的优点，却以挑剔的眼光看待他人，也正是因为对人对事带有偏见的判断，让自己变得十分狭隘。不蔽人之善，不言人之恶。我们要学会承认他人的优点，不随便议论他人的缺点。

/落笔生花/

不	蔽	人	之	善	，	不	言	人	之
恶	。								

/日有所得/

由小草演变出来的“蔽”

“蔽”字在现在常见的意思是遮挡，比如遮蔽、掩蔽；也用来表示掩盖、隐藏，比如隐蔽；还可以表示欺骗，比如蒙蔽；有时还用来表示概括，比如一言以蔽之。不过，你知道吗？“蔽”字的本义是小草，正因如此，它的上面是一个草字头。小草长出来之后，会盖住泥土，由此引申出了遮挡的意思。

《杂画册》（局部）　［明］郭诩

fēi lǐ wù shì　fēi lǐ wù tīng
非礼勿视，非礼勿听，
fēi lǐ wù yán　fēi lǐ wù dòng
非礼勿言，非礼勿动。

/追本溯源/

子曰："非礼勿视，非礼勿听，非礼勿言，非礼勿动。"颜渊曰："回虽不敏，请事斯语矣。"

——《论语》

/品思解读/

不符合礼教的事不看，不符合礼教的话不听，不符合礼教的话不说，不符合礼教的事不做。个人存在于社会之中，个人的所作所为和别人息息相关，我们要循礼行事，因为礼是保证社会稳定和人们和谐相处的重要基础。

/写作运用/

写作主题： 礼教　欲望　约束　分寸

写作示范： 人与人之间的相处需要有分寸感，有了分寸感就会自然地约束自己，不乱动他人东西，不侵犯别人隐私。孔子云："非礼勿视，非礼勿听，非礼勿言，非礼勿动。"这正是分寸的体现，也是为人处世最基本的相处之道。

/落笔生花/

非礼勿视，非礼勿听，
非礼勿言，非礼勿动。

/日有所得/

“礼仪”二字

我国是礼仪之邦，自古以来便十分讲究礼节和仪式。不过，“礼仪”二字在古代时，包括的范围和形式都极其广泛，诸如政治体制、朝廷法典、天地祭祀、水旱灾害祈禳、学校科举、军队征战、行政区域划分、房舍陵墓营造，乃至衣食住行、婚丧嫁娶、言谈举止，无不与礼仪有关，它几乎是一个囊括了国家政治、经济、军事、文化等一切典章制度以及个人的伦理道德修养、行为准则规范的庞大的概念。直到近代以后，礼仪的范畴才逐渐缩小，现在“礼仪”一般只有礼节和仪式的意思。

《雍正帝祭先农坛图》（局部）　［清］佚名

栾书从善如流

春秋时期，楚国打算攻打郑国。晋国派栾书为主帅，带着大军去援助郑国。楚军遇到晋军，不敢直接对抗，就撤退了。

好大喜功的晋国将领赵同、赵括等人见状就催栾书下令攻打楚国的盟国蔡国。但智庄子等几位将领都反对攻打蔡国，他们说："我们是来援救郑国的，现在楚军已经撤退了，我们的目的已经达到了。现在我们借机攻打蔡国，楚国便会去而复返，很难对付。就算我们打赢了，以我们的大军去攻打蔡国这么个小国，有什么光荣的呢？万一打输了，那就太耻辱了。"栾书觉得他们说得很有道理，就决定停止攻蔡，撤军回晋。

后人用"从善如流"这个成语来评价栾书的行为，认为他很善于听取别人好的、正确的建议，就像流水那样，迅速而又自然。

关于朋友相交的成语

莫逆之交：指思想一致、感情深厚的朋友。

忘年之交：指不拘年龄、辈分的差异而结交的朋友。

贫贱之交：指贫困时结交的朋友。

刎颈之交：指可以同生死共患难的朋友。

金兰之契：指情投意合的朋友。也指相互投合的深厚情谊。

竹马之友：指儿童时期结成的朋友。

布衣之交：指平民之间的交往。也指显贵者与地位低的人平等而诚挚的交往。

杵臼（chǔ jiù）之交：指不计身份、不嫌贫贱而结成的友谊。

学以致用

一、请你查查资料，完成下面两道小题。

1. “建安七子”是哪七子呢？（   ）

①孔融 ②左思 ③王粲 ④程颂万 ⑤阮瑀 ⑥鲍照 ⑦刘桢 ⑧陈琳 ⑨徐干 ⑩应玚

A. ①②⑤⑥⑦⑧⑨　　B. ①③⑤⑦⑧⑨⑩

C. ②③④⑤⑥⑦⑧　　D. ①④⑤⑥⑦⑧⑨

2. 判断题。

（1）汉魏六朝是指中国历史上魏晋南北朝的六个朝代：孙吴、东晋、南朝宋、南齐、南梁和陈朝。

（2）南朝宋文学家谢灵运评价曹丕“天下才有一石，曹子建独占八斗”。

（3）汉时期选拔官吏，被选用人既要有仁义孝悌等封建道德品质，也要有高贵的家世出身。

（4）陶渊明是中国文学史上第一个大量写田园诗的诗人。

二、提到“与朋友交，只取其长，不计其短”，你会想到哪个古代名人的故事？试着用自己的话讲述一下这个故事。

tóu zhī yǐ táo bào zhī yǐ lǐ
投之以桃，报之以李。

/追本溯源/

不僭不贼，鲜不为则。投我以桃，报之以李。彼童而角，实虹小子。

——《诗经》

/品思解读/

别人把桃子送给我，我用李子回赠他。礼尚往来是中国人的传统，我们要常怀感恩之心，感激那些曾经给予我们帮助的人。而面对需要帮助的人，也不要吝惜自己的帮助，那些你不经意的付出，也许会有意想不到的收获！

/写作运用/

写作主题： 感恩　回报　付出　收获

写作示范： 我发现每次姥爷送给邻居爷爷一些新鲜水果后，邻居爷爷不久便会回赠姥爷自己种的新鲜蔬菜，每次都是有来有往。我好奇地问姥爷："你们的互赠小游戏是彼此间的小乐趣吗？"姥爷摸了摸自己的胡子，笑眯眯地对我说："投之以桃，报之以李。礼尚往来亦是其中乐也，何乐而不为？"

落笔生花

投之以桃，报之以李。

日有所得

“桃李满天下”和“桃李不言，下自成蹊”

“桃李”，指的是教师“百年树人”所得的硕果，往往比喻老师辛勤栽培的学生。“桃李满天下”就是说老师教育出来的优秀学生遍布全世界，赞美教师辛勤育人。而“桃李不言，下自成蹊”原义是说桃树、李树都不会说话，但因其花朵美艳，果实可口，人们纷纷去摘取，于是便在树下踏出了一条路来。现在用它来比喻为人真诚笃实，自然能感召人心。

《桃李园图》 ［宋］佚名

jiān tīng zé míng　　piān xìn zé àn

兼听则明，偏信则暗。

/追本溯源/

上问魏征曰：“人主何为而明，何为而暗？”对曰：“兼听则明，偏信则暗。”

——《资治通鉴》

/品思解读/

同时听取各方面的意见，才能正确认识事物；只相信单方面的话，必然会犯片面性的错误。一个人在做事时，如果能够做到三思而行，充分考虑不同意见，那么就可以周全细致地思考问题，从而作出正确的决策。

/写作运用/

写作主题：全面性　片面性　审视自身　学会思考

写作示范：广播、电视、互联网等大众媒体占据着我们的生活，众多的信息源让我们目不暇接。许多人也在这样的环境下日益走向封闭，养成了万事上网查询的习惯。一个人想要见多识广，应该利用各种媒介，获取足够多的信息，再从中挑选有说服力的那些。这正如古人所言，“兼听则明，偏信则暗”。

/落笔生花/

兼听则明，偏信则暗。

/日有所得/

李世民与魏征

李世民是唐朝的第二位皇帝，他在开国之时就立下赫赫战功，继位后励精图治，开创了“贞观之治”。魏征是唐初名相，极有经国治世之才。魏征最大的特点是耿直不阿，即便面对的是皇帝李世民，也直言进谏。李世民有时也生气，说要“杀此田舍翁”，但也只是说说而已。魏征提的建议，李世民会认真思考，大都会采纳。可以说，魏征是李世民开创“贞观之治”的重要帮手。后人提及贤臣、谏臣，必然会想到魏征。

《唐太宗半身像》 ［宋］佚名

yǐ tóng wéi jìng kě yǐ zhèng yī guān
以铜为镜，可以正衣冠；
yǐ shǐ wéi jìng kě yǐ zhī xīng tì
以史为镜，可以知兴替；
yǐ rén wéi jìng kě yǐ míng dé shī
以人为镜，可以明得失。

/追本溯源/

夫以铜为镜，可以正衣冠；以古为镜，可以知兴替；以人为镜，可以明得失。朕常保此三镜，以防己过。今魏征殂逝，遂亡一镜矣！

——《旧唐书》

/品思解读/

把铜擦亮了做镜子，可以照着整理衣帽；用历史作为镜子，可以知道历史上国家兴盛衰亡的原因；把别人当作自己的镜子，可以明白自己是否做得正确。能听告诫，接受并改正缺点，方能不断进步。

/写作运用/

写作主题： 自省　劝诫　虚心　进步

写作示范： 古人有云："以铜为镜，可以正衣冠；以史为镜，可以知兴替；以人为镜，可以明得失。"以他人为镜子，其实就是借他人审视自己，反思自己，从而收获一个进取的自我。

/落笔生花/

以铜为镜，可以正衣冠；
以史为镜，可以知兴替；
以人为镜，可以明得失。

/日有所得/

镜子的发展

在远古时期，人们是从水中照面。到了商周时期，人们开始制作铜镜。铜镜一般制成圆形或方形，用铅、锡将正面磨砺光亮，可清晰地照见面容。到了汉代，经济飞速发展，铜镜制作也产生了质的飞跃。汉代的铜镜工艺精良，镜子的背面一般有铭文和图案，丰富多样，十分精美。再到后来，人们还制作了带柄的、镶嵌金银等各种工艺的铜镜。到了明清时期，近代玻璃诞生，人们开始用玻璃制作镜子，铜镜便逐渐退出历史舞台。

海兽葡萄纹方镜　［唐］

四

yǔ shàn rén jū rú rù zhī lán zhī shì
与善人居，如入芝兰之室，
jiǔ ér bù wén qí xiāng jí yǔ zhī huà yǐ
久而不闻其香，即与之化矣。

/追本溯源/

与善人居，如入芝兰之室，久而不知其芳，与之化矣。与不善人居，如入鲍鱼之肆，久而不知其臭，与之变矣。

——《艺文类聚》

/品思解读/

和品行高尚的人在一起，就像进入种植芝兰散满香气的屋子里一样，时间长了便闻不到香味，这是因为自己也充满香气了。而和品行低劣的人在一起，就像到了卖咸鱼的作坊，时间长了闻不到臭味，这是因为已经和它融为一体了。

/写作运用/

写作主题： 环境　影响　选择

写作示范： 环境对人的影响是潜移默化的，与善人居，如入芝兰之室，久而不闻其香，即与之化矣。在生活中，与品行高尚的人交往，可以相互促进，共同成长。而与品行低劣的人在一起，只会让自己沉沦。我们要擦亮眼睛，多交益友，远离损友。

/落笔生花/

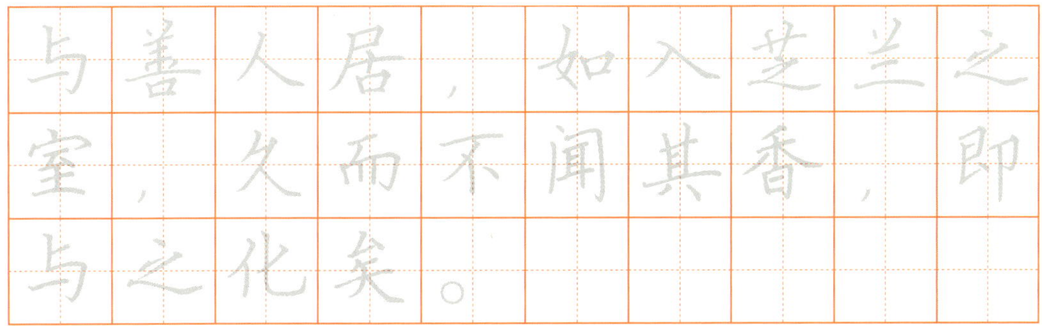

/日有所得/

此“鲍鱼”非彼“鲍鱼”

“鲍鱼”其名为鱼，实则非鱼。它是一种软体动物，贝壳呈椭圆形，被誉为海洋“软黄金”。不过，在古代，“鲍鱼”是对经过整体腌制的鱼的统称，例如“如入鲍鱼之肆，久而不知其臭”。所以此“鲍鱼”非彼“鲍鱼”，切不可混淆了。

《落花游鱼图》（局部）

［明］佚名

wǎng ér bù lái fēi lǐ yě
往而不来，非礼也；
lái ér bù wǎng yì fēi lǐ yě
来而不往，亦非礼也。

/追本溯源/

礼尚往来。往而不来，非礼也；来而不往，亦非礼也。人有礼则安，无礼则危。

——《礼记》

/品思解读/

礼所崇尚的是有施有报。只讲施而不讲报，这不合乎礼的要求；相反，只讲报而不讲施，也不合乎礼的要求。

/写作运用/

写作主题：礼　付出　回报　人际关系

写作示范：周末，爸爸帮我修好了自行车，过了一会儿，爸爸要我帮他的小花浇水，我拒绝了他，说：“自己的事情自己做。”爸爸笑了笑，说：“往而不来，非礼也；来而不往，亦非礼也。”

/落笔生花/

往而不来，非礼也；来而不往，亦非礼也。

/日有所得/

"来去" "来回" "来往"

"来"最常见的意思是"从别的地方到说话人所在的地方"，比如"来我家玩""来这里吃饭""来北京"。这个字可以和"去""回""往"三个字组词，都能表示"往返"的意思，也就是"来"字和这三个字，都可以说是反义字。不过"来去"还有"来由，来龙去脉"的意思，"来回"还有"往返多次，动作重复"的意思，而"来往"还有"交际往来"的意思，三个词的用法并不完全相同。汉字的博大精深由此可窥一角。

《溪旁闲话图》［宋］佚名

图为两位高士在溪边对话，一人在船上携阮执竿，另一人在岸上施礼，似是在虚心请教。

近欧吕赤

北宋文学家、政治家欧阳修在颍州做官的时候，手下有一个名叫吕公著的年轻人。有一次，欧阳修的好友路过颍州，便到欧阳修家中拜访，欧阳修就邀请吕公著一同待客。席间，这个好友对吕公著说："你能在欧阳修身边做事真是太幸运了，你应该多向他请教作文写诗的技巧。"此后，在欧阳修的言传身教下，吕公著的写作技巧突飞猛进，很快便也能写一手好文章了。

方仲永泯然众人矣

从前，有个小孩叫方仲永，他家里祖祖辈辈都是种田人，都没有文化。方仲永长到五岁还从未见过笔墨纸砚。可是，有一天，方仲永突然哭着向家里人要笔墨纸砚，说想写诗。他父亲感到十分惊讶，马上从邻居那里借来笔墨纸砚，方仲永拿起笔便写了四句诗，还给诗写了个题目。同乡的几个读书人知道了这件事，都跑到方仲永家来看，一致认为他写得很好。于是这件事很快传开了。因此，人们都称方仲永为"神童"。

方仲永的诗，文采和立意都很好，并且只要给他题目，他就能立即作诗。因此，很多人想见识见识，纷纷邀请他和他的父亲去家中做客，并指定题目让方仲永当场作诗。方仲永的父亲觉得这样很风光，便经常带着方仲永去参加各种宴会，炫耀儿子的才华，却从不让方仲永拜师，花更多的时间看书学习。日子一天天地过去了，方仲永的才艺没有丝毫的进步。到他二十岁的时候，便和同龄的人没有什么区别了。

学以致用

一、老师教授我们知识，教授我们做人的道理，自古以来赞美老师辛勤育人的名言数不胜数，写几句赞美老师的名言吧！

二、《谏太宗十思疏》是魏征于贞观十一年（637）写给唐太宗的奏章，意在劝谏太宗（　　）。

①居安思危　②戒奢以俭　③饮水思源　④积其德义　⑤克己复礼

A. ①③⑤　　B. ②④⑤

C. ①②③　　D. ①②④

三、读读下面的这则小故事，根据故事内容，写上与之相匹配的名言。

南北朝时，宋国有个名将叫宗悫（què）。他从小就有胆量，少年时练就了一身武艺，既勇敢又有见识。宗悫哥哥宗泌成亲那天的半夜，有十几个强盗突然来打劫。宗悫毫不畏惧，挺身而起，击退了强盗。这次以后，宗悫的叔叔宗炳问他："宗悫，你长大后准备做什么呢？说说你的志愿吧！"宗悫应声答道："愿乘长风破万里浪！"他叔叔听了这句极有气魄的壮语，很是高兴，满意地赞许说："______________________。"

shàn qì yíng rén　　qīn rú dì xiōng
善气迎人，亲如弟兄；
è qì yíng rén　　hài yú gē bīng
恶气迎人，害于戈兵。

/追本溯源/

金心在中不可匿，外见于形容，可知于颜色。善气迎人，亲如弟兄；恶气迎人，害于戈兵。

——《管子》

/品思解读/

对人语气和善，别人心里感到温暖，亲密得如同兄弟一般；而对人恶语相加，别人心里受到的伤害比你用刀伤他还严重。良言一句三冬暖，恶语伤人六月寒。人际交往贵在和气，在生活中要以礼待人。

/写作运用/

写作主题：言语　影响　人际交往

写作示范：春秋时期的管仲曾经说过："善气迎人，亲如弟兄；恶气迎人，害于戈兵。"一个"礼"字，贯穿了中华民族数千年，让中国成了著名的礼仪之邦，这些礼仪让人成为有德之人，成为堂堂大丈夫，成为君子。

/落笔生花/

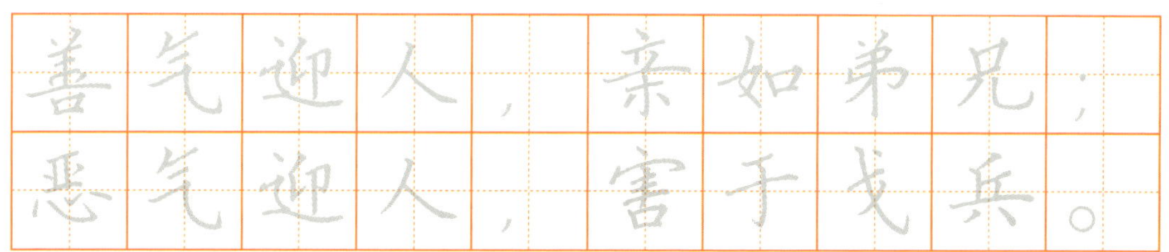

/日有所得/

兵　器

“兵”字的本义是兵器、武器，后来才被引申指战士或者军队。在火药发明之前，军队中使用的兵器被称为冷兵器。广义的冷兵器包括攻击性的，比如刀、戈；也包括防卫性的，比如甲、盾。攻击性的冷兵器可以根据攻击的距离分为短兵器、长兵器和远射兵器。常见的短兵器有刀、匕首、剑等，长兵器有戈、枪、棍等，远射兵器则有弓箭、飞镖等。

剑　［战国］

jú shēng huái nán zé wéi jú
橘生淮南则为橘，
shēng yú huái běi zé wéi zhǐ
生于淮北则为枳。

/追本溯源/

晏子避席对曰："婴闻之，橘生淮南则为橘，生于淮北则为枳，叶徒相似，其实味不同。所以然者何？水土异也。"

——《晏子春秋》

/品思解读/

橘树生长在淮河以南的地方就是橘树，生长在淮河以北的地方就是枳树。同样是橘子，生长的环境不一样，最后结出的果实就不同，这说明了环境对植物的重要影响，环境变了，事物的性质也变了。

/写作运用/

写作主题： 环境　性质　影响　相对性

写作示范： 环境对一个人的发展至关重要。设想一下，如果孟母第一次没有带孟子搬家，那孟子可能就成了屠夫。第二次没有搬家，那孟子就可能变成主持葬礼的人了。第三次搬家，才让孟子成为一代圣人。事物也是一样，橘生淮南则为橘，生于淮北则为枳，我们也要让自己处于良好的学习环境中。

/落笔生花/

橘生淮南则为橘，生于淮北则为枳。

/日有所得/

橘子的寓意

橘子是常见的水果，因其味甜，易剥，受到大家的喜爱。橘子在现代寓意着大吉大利，但在古时候橘子常被寄寓多子多孙的祝福。一则是因为橘结果时果实连成串，二则是因为橘肉中有较多子。古人认为动植物的孕育行为对人的生育有一种感召力，因而常常用多子的果实来祝福子孙兴旺，如南宋画师鲁宗贵就曾作《橘子石榴葡萄图》。

《橘子石榴葡萄图》 ［宋］鲁宗贵

蓬生麻中，不扶而直。

péng shēng má zhōng bù fú ér zhí

/追本溯源/

西方有木焉，名曰射干，茎长四寸，生于高山之上，而临百仞之渊，木茎非能长也，所立者然也。蓬生麻中，不扶而直。

——《荀子》

/品思解读/

蓬草非常软，它独自生长会倒下去，但如果它周围是很硬的麻，不用扶它就能直起来。人生路上需要有榜样指引道路，更需要有良师益友相互扶持。有师友时时监督、鼓励着，方能够挺拔笔直地生长。

/写作运用/

写作主题：环境　影响　价值

写作示范：孟子幼时受环境影响，总是会学习周围人的行为，由此导致孟母三次搬家。仰观天下之大，唯圣贤可使自身提升。蓬生麻中，不扶而直，所以我们要多向贤者学习，得其良处，提升自我修养和价值。

/落笔生花/

蓬生麻中，不扶而直。

/日有所得/

“蓬”与“麻”

“蓬”是一种多年生草本植物，花白色，叶似柳叶，子实有毛。由“蓬”衍生了不少成语，除“蓬生麻中”外，还有“蓬荜生辉”。“蓬荜生辉”为谦辞，用来称谢别人的字画等物品的赠予或客人的来访。“麻”是从各种麻类植物中取得的纤维，特性是具有吸湿、散湿和透气的功能，主要作物有苎麻、亚麻、黄麻等。

《至圣先贤半身像册·荀况》 ［明］佚名

pí zhī bù cún máo jiāng yān fù

皮之不存，毛将焉附？

/追本溯源/

虢射曰："皮之不存，毛将安傅？"庆郑曰："弃信背邻，患孰恤之？无信患作，失援必毙，是则然矣。"

——《左传》

/品思解读/

皮都没有了，毛往哪里依附呢？做事千万不可本末倒置，若是事物得以存在的基础受到了动摇，那么事物也无法继续存在。因此，相互依存的各方都应密切合作，协调发展，如果离心离德，各行其是，对双方都不利。

/写作运用/

写作主题： 共生　利害关系　相互依存

写作示范： 我们的国家就像一座坚固的堡垒，默默地守护着人民。但有许多人为了个人的利益竟然不顾国家安危。一旦失去了国家的保护，我们又怎么可能保护得了自己呢？皮之不存，毛将焉附？个人利益和国家利益是紧紧联系在一起的，当个人利益与国家利益发生冲突时，我们应该以国家利益为重，这样才能让国家和个人获得更好的发展。

/落笔生花/

皮	之	不	存	，	毛	将	焉	附	？

/日有所得/

狼毫笔的“狼”是什么狼？

毛笔中有一种狼毫笔，很多人想当然地以为狼毫笔的笔头就是狼的毛做的，但其实狼毫笔的笔头是用黄鼠狼的毛制作的。狼毫笔的制作工艺复杂，因为黄鼠狼身上有一股非常难闻的气味，如何去除这种气味就成了制笔过程中最关键的步骤。

黑漆描金云蝠笔　[清]

jiǔ shì shāng xuè jiǔ wò shāng qì
久视伤血，久卧伤气，
jiǔ zuò shāng ròu jiǔ lì shāng gǔ jiǔ xíng shāng jīn
久坐伤肉，久立伤骨，久行伤筋。

/追本溯源/

五劳所伤：久视伤血，久卧伤气，久坐伤肉，久立伤骨，久行伤筋。是谓五劳所伤。

——《黄帝内经》

/品思解读/

长时间地用眼会伤血液，长时间躺着会伤活力，长时间坐着会伤肌肉，长时间站着会伤骨骼，长时间行走会伤筋。这些告诉我们视、卧、坐、立、行都不可持续太长时间，人体出现的一些不适或疾病，往往源于过度使用。所以做任何事情都不能过度，适中就是最佳。

/写作运用/

写作主题：生活　适度　节制

写作示范：夏天，我躺在沙发上看电视，吹了一下午的空调，真是惬意啊！到了晚饭时，我突然觉得眼睛酸，身上也不舒服。妈妈看着我不停地捏脖子，便对我说："看了一下午的电视吧？久视伤血，久卧伤气，久坐伤肉，久立伤骨，久行伤筋。长长记性吧！"

落笔生花

久视伤血，久卧伤气，久坐伤肉，久立伤骨，久行伤筋。

日有所得

《黄帝内经》

《黄帝内经》《难经》《伤寒杂病论》《神农本草经》并称为传统医学四大经典著作。相传，《黄帝内经》是黄帝所作，因此而得名。不过后世一般认为这部典籍并不是由一个作者完成，也不是在短时间内完成的，而是由多个作者跨越了较长的时间一起传承和增补，共同创作而成。之所以用“黄帝”的名义命名，应当意在溯源崇本，说明中国医药文化的历史十分悠久。这部典籍奠定了人体生理、病理、诊断以及治疗的认识基础，是中国影响极大的一部医学著作。

《轩辕问道图》（局部）　［明］石锐

图中所绘的是黄帝轩辕氏向广成子问道的场景。

孔子——以礼请学

老子和孔子都是春秋时期非常有学问的人，孔子一直很敬重老子。

有一次，孔子从鲁国前往洛阳去拜访老子。老子听说誉满天下的孔丘前来求教，赶忙整顿衣冠出迎。

孔子见大门里出来一位年逾古稀、精神矍铄的老人，料想便是老子，他急趋向前，恭恭敬敬地向老子行了弟子礼。进入大厅后，孔子再拜后才坐下来。

老子问孔子为何事而来，孔子离座回答："我学识浅薄，对古代的礼制知之甚少，特地向老师请教。"老子见孔子这样诚恳，便详细地讲了起来。

回到鲁国后，孔子的学生们都问老子是怎样的人。孔子说："老子博古通今，通礼乐之源，明道德之归，确实是我的好老师。"

孔子还打比方赞扬老子，他说："鸟儿，我知道它能飞；鱼儿，我知道它能游；野兽，我知道它能跑。高飞的鸟儿我可以用良箭把它射下来，会游的鱼儿我可以用丝缚着鱼钩来钓到它，善跑的野兽我可以结网来逮住它，至于龙，我却不能够知道它是如何乘风云而上天的。老子，就像是龙一样！"

学以致用

一、判断下列行为是否正确。

1. 眼睛一不舒服或眼痛、眼红就用眼药水。 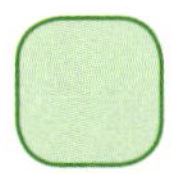

2. 爸爸坐下时，会立腰、挺胸、上体自然挺直。 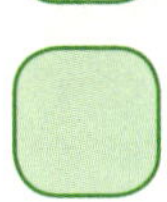

3. 王杰每次等我放学，都会斜靠在马路旁的树上。 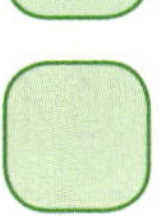

二、《三国演义》你看过吗？其中的人物你了解多少呢？把下列的兵器和使用的人物连起来吧。（人物在前，兵器在后，只填序号）

①双股剑　②青龙偃月刀　③龙胆亮银枪　④短把冰铁双戟

⑤丈八点钢矛　⑥典韦　⑦张飞　⑧赵云　⑨刘备　⑩关羽

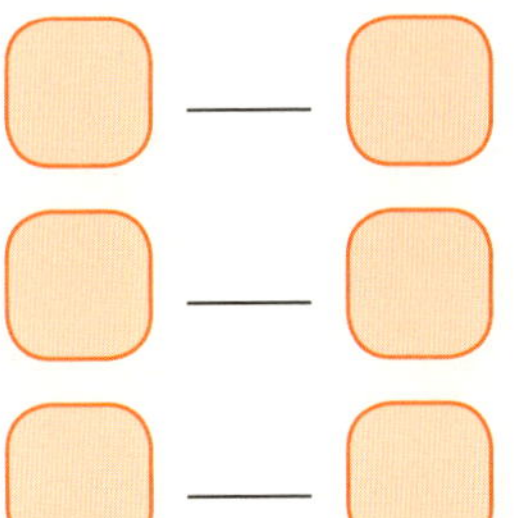

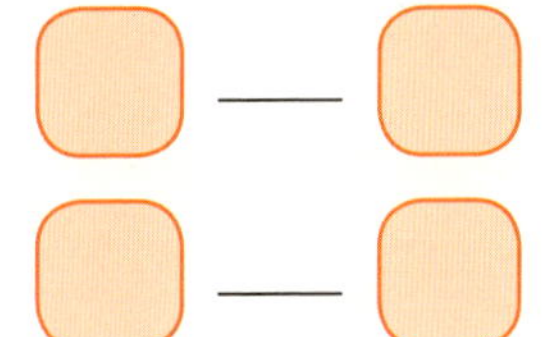

三、试着用“蓬生麻中，不扶而直”这句名言谈谈你身边的良师益友。

jūn zǐ ài cái，qǔ zhī yǒu dào。

君子爱财，取之有道。

/追本溯源/

君子爱财，取之有道；贞妇爱色，纳之以礼。

——《增广贤文》

/品思解读/

喜欢钱财是没有错的，但君子只要正道得到的财物，不要不义之财。那要如何做呢？其实就是靠自己的双手，用自己的辛勤劳动获取财富，而不是通过做一些违法乱纪、不符合道德的事来获得财富。

/写作运用/

写作主题： 原则　道德　良知

写作示范： 于谦两袖清风，靠着俸禄维持生活，不贪污，不受贿，他得到的是良心的安慰和一生的安宁。而和珅搜刮民脂民膏，即使享受了一时的奢侈，最后东窗事发，被永远钉在了道德的耻辱柱上。君子爱财，取之有道。钱财的诱惑是巨大的，如果以不正确的手段取得，将要付出惨痛的代价。

/落笔生花/

君子爱财，取之有道。

/日有所得/

贫贱不移的君子们

君子指的是人格高尚、道德品行兼好之人，历代文人受儒家思想影响，都以君子之道作为自己的人生规范。为人熟知的有“以不贪为宝”的子罕，有“悬鱼于庭”的羊续，有“天知地知，你知我知”的杨震，有“不为五斗米折腰”的陶渊明，有“两袖清风朝天去”的于谦。这些君子们以身作则，为后人留下了宝贵的精神财富。

《陶渊明诗意图》（局部）　［清］石涛

guān dài yú yǒu chéng
官怠于有成，
bìng jiā yú xiǎo yù huò shēng yú lǎn duò
病加于小愈，祸生于懒惰。

/追本溯源/

官怠于有成，病加于小愈，祸生于懈惰，孝衰于妻子。察此四者，慎终如始。

——《韩诗外传》

/品思解读/

官做得大了，就可能形成骄纵的习惯，从而怠慢法纪；大病稍愈，若是误以为痊愈而不继续治疗，反而会使病情加重；太平的日子过久了，如果养成松懈懒惰的毛病，就可能发生意外的祸患。始终保持积极的进取精神，永不止步，生命才有活力，才能不断向前发展。

/写作运用/

写作主题： 欲望　迷失　初心　坚持

写作示范： 人往往会在一帆风顺的时候放松警惕，也往往是这种时候最容易出现问题。古人云："官怠于有成，病加于小愈，祸生于懒惰。"因此，无论什么时候我们都需要保持初心，越是有成就的时候越要谨慎，严格要求自己，做到善始善终。

/落笔生花/

官怠于有成，病加于小愈，祸生于懒惰。

/日有所得/

古代选官方式之察举制

古代选官的方式随着历史的发展，经历了好几个阶段，其中有一个阶段采用的是察举制。汉文帝时，开始采用由各地推荐人才的方法，不过当时还没有形成固定的制度。到了汉武帝在位时，就将这种选官方法定为制度，称为“察举制”。察举制是由各郡每年向朝廷推举有道德、有才能的人，经过考察，授予官职的方式。有时汉武帝还会亲自出题，比如提出“罢黜百家，独尊儒术”的董仲舒，就是汉武帝亲自考察任用的。通过察举制，当时的朝廷选拔了一大批有杰出才能的人。

《历代帝王圣贤名臣大儒遗像·董仲舒》 ［清］佚名

chūn fēng dé yì mǎ tí jí
春风得意马蹄疾，
yí rì kàn jìn cháng ān huā
一日看尽长安花。

/追本溯源/

昔日龌龊不足夸，今朝放荡思无涯。
春风得意马蹄疾，一日看尽长安花。

——《登科后》

/品思解读/

策马奔驰在春花烂漫的长安道上，今日的马蹄格外轻盈，不知不觉早已欣赏完长安城的繁华。正所谓人逢喜事精神爽，心花怒放满面春。

/写作运用/

写作主题：成功　心境　实现目标

写作示范：许清清是我的邻居，也是大我两届的学姐。一大早，她拿着手中的录取通知书，在院子里又蹦又跳。看到她这么开心的样子，我大步跑过去对她说："学姐，祝贺你呀！真替你感到高兴，这可真是'春风得意马蹄疾，一日看尽长安花'。"

/落笔生花/

春	风	得	意	马	蹄	疾	，	一	日
看	尽	长	安	花	。				

/日有所得/

古都长安

西安古称“长安”，是历史上第一座被称为“京”的都城。长安因地处长安乡，故名长安城，取意“长治久安”。它是十三朝古都，是中国历史上建都朝代最多，建都时间最长，影响力最大的都城，居中国四大古都之首。在唐以后，虽然长安不再是国都，但“长安”一词有时依旧被用来代指国都。

《五子登科图》
［清］孙玥

jūn zǐ zhī yán guǎ ér shí
君子之言寡而实，
xiǎo rén zhī yán duō ér xū
小人之言多而虚。

/追本溯源/

君子之言寡而实，小人之言多而虚。君子之学也，入于耳，藏于心，行之以身。君子之治也，始于不足见，终于不可及也。

——《说苑》

/品思解读/

君子的话不多，但句句说得真实在理；小人往往夸夸其谈，但说出的话多为无用的话。话不在多，而在贴切与恰当。在与人相处的过程中要注意说话方式，不要让人觉得自己言语轻薄。

/写作运用/

写作主题：语言艺术　沟通交流　人际交往

写作示范：古人告诫我们："君子之言寡而实，小人之言多而虚。"为人处世，言语不可以不慎重！老子说"多言数穷，不如守中"，孔子说"讷于言"，曾国藩也说"发言要切"。可见，说话是一门艺术，要慎言，多思，多做。

/落笔生花/

君子之言寡而实，小人之言多而虚。

/日有所得/

寡人的由来

“寡人”，即为寡德之人，意思是在道德方面做得不足的人。我们都知道古代君主、诸侯王对自己的谦称为“寡人”，那为什么会这样称呼呢？其实，是因为古代讲究“以德治国”“以德配天”，他们认为君主、诸侯王的权位是上天赋予的，但上天只会把天下给有德的人管理，君主、诸侯王如果失德就会失去尊贵的权位，所以君主、诸侯王就谦称自己是“寡人”。像在春秋时期诸侯自称“寡人”，但楚王多自称“不谷”，而较弱的诸侯则自称“孤”。

《历代帝王图·刘秀》　［唐］阎立本

xǐ shí zhī yán duō shī xìn
喜时之言多失信，
nù shí zhī yán duō shī tǐ
怒时之言多失体。

/追本溯源/

喜时之言多失信，怒时之言多失体。

——《从政遗规》

/品思解读/

高兴时春风得意，脱口而出的话多半不会守信。生气时心灰意冷，口不择言的话多半有失体面。人在心情过激的时候容易作出一些失信失体的行为。养静气和制怒是修身养性之路上必不可缺的两项基本要求。

/写作运用/

写作主题： 理智　修身　养性

写作示范： 历史上，周幽王为博褒姒一笑，烽火戏诸侯，终致失信于天下，招致巨大灾难。喜时之言多失信，怒时之言多失体。我们要学会不沉溺于喜悦，也不受控于压力，以一种“中和”的心态对待人生的起伏和随之而来的情绪波动。

/落笔生花/

喜时之言多失信，怒时之言多失体。

/日有所得/

古代如何惩治欠债不还的失信人

“信”是儒家的“五常”（指人应该具有的五种最基本的品格和德行，即仁、义、礼、智、信）之一，从汉朝开始，因历朝一直以儒家思想治国，把“信”作为重要的道德准则，所以古代法律对欠债不还的失信人的惩罚非常严苛。比如在明清两代，欠债不还的人不但要被判处笞刑，还要连本带利地对债主进行偿还，并且欠债人的家属有义务在两个月内凑齐欠款，如果凑不齐的，还要再处罚劳役。

《流民图》（局部）　［明］吴伟

孟子取之有道

战国时期的孟子继承了孔子的仁政学说，是孔子之后的儒家学派的代表人物。他曾带着弟子出游各国。有一次，齐王派人送来许多财物给孟子，孟子拒绝了。后来到宋国的时候，宋君送来许多财物，孟子接受了。再后来，薛地送来许多财物，孟子也接受了。孟子的学生陈臻对此十分不解，问道：“如果说之前不接受财物是正确的话，那么后来接受财物就应该是错误的。反过来，如果后来的接受是正确的，那么之前的不接受就是错误的。您这是什么道理呢？”孟子说：“在宋国的时候，我准备远行，对远行的人应该要送些路费，所以宋君说‘送您一些路费’时我怎么能不接受呢？在薛地的时候，我听说路上有危险，有戒备之心，人家说‘听说您要防备危险，这些钱给您买武器’时我怎么能不接受呢？至于在齐国，我没有什么理由接受齐王的财物，齐王没有什么理由却赠财物给我，显然是想收买我，哪里有君子是可以用财物收买的呢？”

孟子在是否接受财物这一件事情上的准则是不接受无缘无故的财物，因为无缘无故的财物就是收买贿赂，君子不能被收买贿赂。

学以致用

将下列朝代与其都城的今名连起来。

秦　　　　西安
东汉　　　咸阳
唐　　　　洛阳
北宋　　　开封
南宋　　　杭州
清　　　　北京